DOVER LANGUA

Palabras **Inglesas** Más Útiles para **Hispanoparlantes**

Pablo García Loaeza, Ph.D.

DOVER PUBLICATIONS, INC.
Mineola, New York

Copyright

Copyright © 2011 by Pablo García Loaeza, Ph.D.
All rights reserved.

Bibliographical Note

*2,001 Palabras Inglesas Más Útiles para Hispanoparlantes / 2,001 Most
Useful English Words for Spanish Speakers* is a new work, first published
by Dover Publications, Inc., in 2011.

Library of Congress Cataloging-in-Publication Data

Loaeza, Pablo García, 1972–
    2,001 palabras inglesas más útiles para hispanoparlantes = :
2,001 most useful English words for Spanish speakers /
Pablo García Loaeza.
        p. cm.
    ISBN-13: 978-0-486-47622-3
    ISBN-10: 0-486-47622-7
    1. English language—Textbooks for foreign speakers—
Spanish.   I. Title.   II. Title: 2,001 most useful English words
for Spanish speakers.
PE1129.S8L53 2010
428.2'461—dc22

2010042923

Manufactured in the United States by Courier Corporation
47622701
www.doverpublications.com

Contenido

Introducción

Este libro presenta más de dos mil palabras particularmente útiles para hablar de situaciones habituales en inglés. Está pensado como una herramienta de auto-aprendizaje que puede servir también como instrumento de revisión o como referencia. La primera sección del libro contiene 2,001 palabras ordenadas alfabéticamente, acompañadas de su traducción al español. Cada entrada incluye una breve oración en inglés que ofrece ejemplos sobre el uso de un término junto con la traducción de la misma. Algunas entradas están compuestas por dos palabras que en español equivalen a una sola. Otras incluyen una segunda palabra, entre paréntesis, para mostrar alternativas utilizadas comúnmente.

En la segunda parte el lector encontrará más de cuatrocientas palabras, agrupadas por categorías, que no están repetidas en la sección alfabética. Estas son palabras básicas cuyo uso no requiere de mayores explicaciones, tales como números, colores, animales, partes del cuerpo, así como algunas tiendas y comercios.

La mejor manera de adquirir vocabulario es a través de la utilización frecuente. Repita las palabras en voz alta para practicar su pronunciación. Al irse familiarizando con los sonidos del inglés le será más fácil entender y ser entendido en una conversación. Utilice los términos que vaya aprendiendo tan seguido como pueda para que queden "impresos" en su mente. Otra estrategia provechosa es escuchar y emplear el vocabulario en contexto. Al estudiar las palabras incluidas en este libro colóquese mentalmente en las situaciones en las que podría utilizarlas. Los enunciados ilustrativos pueden servirle como punto de partida.

Las oraciones que sirven de ejemplo son sencillas a propósito. Al estudiar una palabra dentro de la oración fíjese también en los términos que la rodean para descubrir cómo se estructura el idioma inglés. Con el tiempo, aprenderá a reconocer varias estructuras básicas y tendrá cada vez menos necesidad de recurrir a la traducción en español. Más adelante, cubra los enunciados en español con una hoja de papel e intente descifrar el sentido de las frases en inglés, luego descubra la traducción para verificar su interpretación. Con algo de práctica pronto verá que su propia versión es correcta la mayoría de las veces. Hay algunos temas recurrentes en las oraciones a lo largo del libro. Al cabo de un tiempo podrá reconocer ciertas situaciones y ver como se van desarrollando.

Como complemento al estudio del vocabulario, el prontuario de gramática al final del libro ofrece algunas claves sobre la estructura del idioma inglés. Además de varias sugerencias para multiplicar rápidamente el número de palabras que puede manejar, encontrará tablas de verbos y pronombres así como indicaciones sobre el uso de adjetivos y preposiciones.

Una nota sobre los dialectos y la ortografía del inglés

Como sucede con el español, hay muchos dialectos regionales del inglés, no sólo en diferentes países sino en diferentes regiones de un mismo país. Estos dialectos varían en pronunciación, vocabulario y sintaxis. Aunque generalmente son inteligibles entre sí, en ciertos casos puede tomar un poco de tiempo acostumbrarse a un dialecto que no se ha escuchado antes.

Por otro lado, en la mayoría de los países de habla inglesa no existen organismos que regulen la ortografía y la gramática del idioma como lo hacen las academias de la lengua en los países de habla hispana. En parte debido a esto la ortografía del inglés nunca ha sido sistemáticamente reformada para adecuarla a los cambios que han ocurrido en la pronunciación. Por lo cual, a diferencia de lo que sucede en español, las palabras en inglés pocas veces se escriben como se pronuncian. Además existen varios estándares ortográficos distintos. Por ejemplo, las palabras que en Inglaterra se escriben *colour* (color), *dialogue* (diálogo), *emphasise* (enfatizar) y *gaol* (cárcel), se escriben *color, dialog, emphasize* y *jail* en Estados Unidos a pesar de que su pronunciación es en realidad muy cercana en ambos dialectos. El sistema canadiense combina elementos de los sistemas británico y estadounidense. Las dificultades ortográficas del inglés se pueden ejemplificar con la combinación de vocales "**ae**" que en tres palabras se pronuncia de tres maneras diferentes:

bear (oso) suena más o menos como "ver" pero suavizando el sonido de la "r."

break (descanso) suena más o menos como "breik."

near (cerca) suena como "nir" pero alargando el sonido de la "i" y suavizando el de la "r."

La ortografía es un problema inclusive para los hablantes nativos de inglés. En Estados Unidos se organizan concursos llamados *spelling bees* en los que los participantes tienen que deletrear palabras correctamente. La única solución para perfeccionar la ortografía del inglés es adquirir experiencia a través de la práctica.

Este libro emplea el estándar estadounidense en cuanto a la ortografía. Asimismo, asume el dialecto norteamericano considerado más "neutro," el mismo que suelen utilizar los locutores en televisión y que en realidad corresponde a la región central de los Estados Unidos, conocida en el país como el *midwest* (medio oeste).

Guía de pronunciación del inglés

Vocales

El inglés que conocemos es el resultado de una serie de fusiones lingüísticas que han dejado su huella tanto en el léxico como en la pronunciación del idioma. De ahí que tenga una gran variedad fonológica que no corresponde al sistema de sonidos del español. El inglés, por ejemplo, distingue entre vocales largas y vocales breves. Las vocales suelen ser breves ante una doble consonante o una consonante final.*

Vocal en inglés	Sonidos aproximados en español		
	breve	larga	y...
a	a *pat* (palmada)	ei *cake* [keik] (pastel)	sonido intermedio a/o *wall* (pared)
e	e *pet* (mascota)	iii (i alargada) *belief* [biiiliiif] (creencia)	generalmente la letra "e" al final de una palabra no se pronuncia *little* [le/itl] (pequeño/-a)

---

*Algunas excepciones notables ocurren con la vocal "i" frente a las combinaciones -nd o -mb: *bind* [baind] (atar), *climb* [claim] (escalar), *find* [faind] (encontrar), *grind* [graind] (moler) y *mind* [maind] (mente). No se trata de una regla general: *limb* [le/im] (miembro del cuerpo/rama). El verbo *wind* [waind] quiere decir enrollar o dar cuerda a un reloj, pero la palabra *wind* [we/ind] significa viento.

i	sonido intermedio entre e/i *pit* (fosa)	ai *time* [taim] (tiempo)	
o	o *pot* (olla)	ou *home* [joum] (casa)	
u	sonido intermedio e/o *put* (poner)	iu *cute* [kiut] (lindo)	

La semi-vocal **y** se pronuncia generalmente con un sonido suave delante de una vocal (como en la palabra **y**egua): yellow [yelou] (amarillo). Al final de una palabra puede sonar como "**i**": *army* [armi] (ejército), *really* [riiili] (realmente), o bien como "**ai**": *sky* [skai] (cielo), *fly* [flai] (mosca/volar).

Es común en inglés encontrar combinaciones de vocales cuyo sonido varía en diferentes palabras. La tabla a continuación ofrece las combinaciones y las posibilidades sonoras más comunes, pero no todas. La mejor manera de familiarizarse con esta variedad es la práctica.

Vocales dobles	Posibles sonidos aproximados en español			
ai	ei *rain* [rein] (lluvia)	e *air* [er] (aire)		
au	a/o *daughter* [da/oter] (hija)			
aw	a/o *law* [la/o] (ley)			
ay	ei *day* [dei] (día)			

ea	iii *sea* [siii] (mar)	e *bread* [bred] (pan)	ei *great* [greit] (gran)	a *heart* [jart] (corazón)
ee	iii *sleep* [sliiip] (sueño)			
ew	iu *new* [niu] (nuevo/-a)			
ie	iii *chief* [chiiif] (jefe)	ay *lie* [lay] (mentira)	e *friend* [frend] (amigo)	
oa	ou *boat* [bout] (barco)	o/a *broad* [bro/ad] (ancho)		
oe	ou *toe* [tou] (dedo de pie)	u *shoe* [shu] (zapato)	oe *poem* [poem] (poema)	
oo	u *foot* [fut] (pie)	o/e *blood* [blo/ed] (sangre)	o *door* [dor] (puerta)	
ou	au *house* [jaus] (casa)	ou *dough* [dou] (masa)	u *could* [kud] (podría)	e/o *rough* [re/of] (áspero)
ow	ao *bow* [bao] (inclinarse)	ou *bow* [bou] (arco)		
ue	u *glue* [glu] (pegamento)	iu *fuel* [fiul] (combustible)		
ui	u *fruit* [frut] (fruta)	e/i *builder* [be/ilder] (constructor)	ui *fluid* [fluid] (fluido)	

Consonantes

En general, las consonantes del inglés son similares a las del español aunque algunas tienen una pronunciación más "suave." Hay algunas consonantes que no existen o no se usan comúnmente en español. Además, el idioma presenta algunas particularidades en el uso de consonantes en palabras que no son de origen latino. La siguiente lista ofrece las variantes principales.

ch generalmente se usa como en español con algunas excepciones como *chorus* [corus] (coro) o *chemistry* [queme/istri] (química).

g se usa casi como en español salvo que el sonido de las combinaciones **ge** y **gi** es más suave y con excepción de algunas palabras que no provienen del latín como el verbo *to get* [guet] (obtener) o la palabra *gift* [gue/ift] (regalo).

gh representa el sonido **f** al final de palabras como *enough* [iiine/of] (suficiente) pero es silente seguida de la letra **t** como en *thought* [zot] (pensamiento).

h generalmente se pronuncia como la letra **j** en español salvo en el caso de algunas palabras de origen latino como *hour* [aor] (hora).

j se pronuncia más suavemente que en español, tendiendo hacia el sonido que hace la **ch**.

ll siempre se pronuncia como si fuera una sola letra **l**.

ng se pronuncia como una **n** nasal.

ph representa el sonido **f** en palabras como *photograph* [fótograf] (fotografía).

r se pronuncia más suavemente que en español, sin vibrar la lengua de tal modo que el sonido tiende hacia la letra **l**; aun cuando algunas palabras en inglés se escriben con **rr**, como el verbo *to arrive* [araiv] (llegar), la pronunciación de la **r** no varía en inglés.

s en algunas palabras su sonido tiende hacia la **sh** como en *sure* [she/or] (seguro/-a); entre dos vocales el sonido se asemeja a la pronunciación argentina de la letra **y** o de la **ll** como en la palabra *vision* [víyon] (visión).

sh es la versión suave y alargada de **ch**.

t combinada con **i** al final de una palabra produce el sonido **sh**; esto se ve sobre todo con la terminación -**tion** como en *nation* [néishon] (nación) pero también en casos como el de *partial* [pár-shal] (parcial) y *cautious* [coshus] (cuidadoso/-a).

th representa un sonido similar al de la letra **d** pero más suave en palabras como *that* [dat] (eso/-a) y *there* [der] (ahí) y un sonido similar a la pronunciación española de la letra **z** en otras como *thorn* [zorn] (espina) y *thanks* [zanks] (gracias).

v el inglés enfatiza el sonido labiodental de la letra **v** destacando la diferencia con la **b** labial; *vest* (chaleco) no suena igual que *best* (mejor).

x se pronuncia generalmente como la **x** en la palabra taxi.

z se enfatiza el sonido como imitando el zumbido de una abeja.

Palabras por orden alfabético

A

ability *habilidad*
I know some chords, but I don't have much ability.
Conozco algunos acordes, pero no tengo mucha habilidad.

abortion *aborto*
Abortion is a controversial subject.
El aborto es un asunto polémico.

absence *ausencia*
Nobody noticed my absence.
Nadie notó mi ausencia.

accept, to *aceptar*
You must accept the truth.
Tienes que aceptar la verdad.

accident *accidente*
Luckily, the accident wasn't serious.
Por suerte, el accidente no fue grave.

accompany, to *acompañar*
Will you accompany me to the park?
¿Me acompañas al parque?

accomplish, to *lograr, cumplir*
Few people accomplish all their goals.
Pocas personas logran todas sus metas.

according to *según*
According to this map, we are about to get there.
Según este mapa, estamos por llegar.

account *cuenta*
How much money is left in the checking account?
¿Cuánto dinero queda en la cuenta corriente?

account balance   *saldo bancario*
Buying too many things wouldn't be good for my account balance.
Comprar demasiadas cosas no sería bueno para mi saldo bancario.

accuracy   *exactitud*
In engineering, accuracy is a requirement.
En ingeniería, la exactitud es un requisito.

across   *a través*
They traveled across the bridge for a visit.
Ellos viajaron a través del puente para una visita.

act, to   *actuar*
Think, and then act.
Piensa, y después actúa.

adaptor   *adaptador*
Where can I buy a power adaptor?
¿Dónde puedo comprar un adaptador de corriente?

add, to   *agregar*
I have nothing more to add.
No tengo nada más que agregar.

addicted   *adicto/-a*
It's not good to be addicted to anything.
No es bueno ser adicto a nada.

address   *dirección*
Do you have an e-mail address?
¿Tiene una dirección electrónica?

admire, to   *admirar*
I want to admire the view from here.
Quiero admirar la vista desde aquí.

admit, to   *admitir*
I admit I was wrong.
Admito que me equivoqué.

advantage   *ventaja*
Traveling by train has many advantages.
Viajar en tren tiene muchas ventajas.

advertisement   *anuncio*
There are advertisements everywhere.
Hay anuncios por todas partes.

advice   *consejo*
You better follow my advice.
Más vale que sigas mi consejo.

advise, to   *aconsejar*
You should have done what I advised.
Deberías haber hecho lo que aconsejé.

affection   *afecto, cariño*
Presents are a way to show affection.
Los regalos son una forma de mostrar afecto.

affectionate   *cariñoso/-a*
Dogs are generally more affectionate than cats.
Los perros suelen ser más cariñosos que los gatos.

affordable   *módico/-a, asequible*
I am looking for a restaurant with affordable prices.
Busco un restaurante con precios módicos.

after   *después, luego*
After a nap, we can go for a stroll.
Después de la siesta, podemos salir a pasear.

again   *nuevamente, otra vez*
Let's try again.
Intentemos nuevamente.

against   *contra*
Something must be done against drug addiction.
Se tiene que hacer algo contra la adicción a las drogas.

age   *edad*
You look very young for your age.
Te ves muy joven para tu edad.

aggressive   *agresivo/-a*
The tropical sun can be aggressive.
El sol tropical puede ser agresivo.

agreement   *acuerdo*
Everyone signed the agreement.
Todos firmaron el acuerdo.

AIDS   *SIDA*
Finding an AIDS vaccine is only a matter of time.
Encontrar una vacuna contra el SIDA es sólo una cuestión de tiempo.

air (conditioning)   *aire (acondicionado)*
Does the room have air conditioning?
¿Tiene aire acondicionado la habitación?

airline   *aerolínea*
We always travel with the same airline.
Siempre viajamos por la misma aerolínea.

airplane   *avión*
I will travel to Chicago by airplane.
Viajaré a Chicago en avión.

airport   *aeropuerto*
The airport is near the city.
El aeropuerto está cerca de la ciudad.

aisle   *pasillo*
I prefer the aisle to the window seat.
Prefiero el asiento del pasillo a la ventanilla.

alarm clock   *despertador*
Do not forget your alarm clock because you need it to be on time.
No olvides tu despertador porque lo necesitas para llegar a tiempo.

alcohol   *alcohol*
In many countries one can drink alcohol at eighteen.
En muchos países se puede beber alcohol a los dieciocho años.

alcoholic   *alcohólico/-a*
Do you sell alcoholic drinks here?
¿Venden bebidas alcohólicas aquí?

allergic   *alérgico/-a*
I am allergic to shrimp.
Soy alérgico a los camarones.

alley   *callejón*
Don't walk down dark alleys.
No camines por callejones oscuros.

allow, to   *permitir*
Is smoking allowed in here?
¿Se permite fumar aquí?

almost   *casi*
The train almost always leaves on time.
El tren casi siempre sale a tiempo.

alone   *solo*
Traveling alone is not as much fun.
Viajar solo no es tan divertido.

already   *ya*
Have you seen that movie already?
¿Ya has visto esa película?

also   *también*
Arnold works and he also studies.
Arnold trabaja y también estudia.

altar   *altar*
The priest kneels before the altar to pray.
El sacerdote se arrodilla frente al altar para rezar.

although   *aunque*
Although it was raining, the excursion took place.
La excursión tuvo lugar aunque estaba lloviendo.

always   *siempre*
I always eat toast for breakfast.
Siempre como pan tostado en el desayuno.

amateur   *aficionado*
Poker is not a game for amateurs.
El póker no es un juego para aficionados.

amazing   *asombroso/-a, sorprendente, increíble*
Current technology is amazing.
La tecnología actual es sorprendente.

ambulance   *ambulancia*
Somebody call an ambulance!
¡Alguien llame una ambulancia!

amusing   *divertido/-a*
I just heard an amusing story.
Acabo de escuchar una historia divertida.

analyst   *analista*
Mark is a systems analyst.
Mark es analista de sistemas.

analyze, to   *analizar*
We must analyze the problem.
Debemos analizar el problema.

ancient   *antiguo/-a*
Some cultures are very ancient.
Algunas culturas son muy antiguas.

and   *y*
I bought a dress and a pair of shoes.
Compré un vestido y un par de zapatos.

angry   *enojado/-a, enfadado/-a*
I hope you're not angry with me.
Espero que no estés enfadado conmigo.

annoy, to   *molestar*
Rude people annoy me.
La gente grosera me molesta.

another   *otro/-a*
I need you to give me another chance.
Necesito que me des otra oportunidad.

answer   *respuesta*
I don't have a good answer to your question.
No tengo una buena respuesta a tu pregunta.

answer, to   *contestar, responder*
Answer the telephone please.
Contesta el teléfono por favor.

antique   *antigüedad*
That's not an antique; it's junk.
Eso no es una antigüedad; es basura.

anxiety   *inquietud, ansiedad*
Flying causes anxiety in some people.
Volar les provoca inquietud a algunas personas.

anxious   *ansioso/-a*
I'm anxious to finish this project.
Estoy ansioso por terminar este proyecto.

any (thing)   *cualquier (cosa)*
We can go see them any day.
Podemos ir a verlas cualquier día.

anyone   *cualquiera (persona)*
Not just anyone can paint like Picasso.
No cualquiera puede pintar como Picasso.

apartment   *apartamento, piso, departamento*
I am looking for an apartment which is not too expensive.
Estoy buscando un apartamento que no sea muy caro.

apologize, to   *disculparse*
I want to apologize for what I have done.
Quiero disculparme por lo que he hecho.

apology   *disculpa*
I owe you an apology for my delay.
Le debo una disculpa por mi tardanza.

appear, to   *aparecer*
The stars appeared in the sky.
Las estrellas aparecieron en el cielo.

applaud, to   *aplaudir*
The audience applauded a lot at the end of the show.
El público aplaudió mucho al final de la función.

appointment   *cita*
I have a very important appointment.
Tengo una cita muy importante.

aquarium   *acuario*
I saw sharks at the aquarium.
Vi tiburones en el acuario.

architecture   *arquitectura*
New York is worth visiting for its architecture.
Vale la pena visitar Nueva York por su arquitectura.

argue, to   *discutir*
One should not raise one's voice when arguing.
No se debe de levantar la voz al discutir.

armchair   *sillón*
Armchairs are more comfortable than chairs.
Los sillones son más cómodos que las sillas.

army   *ejército*
Have you considered enlisting in the army?
¿Has considerado alistarte en el ejército?

arrange, to   *arreglar, organizar*
I don't like how the furniture is arranged.
No me gusta como están arreglados los muebles.

arrangement   *arreglo*
It is a good arrangement.
Es un buen arreglo.

arrival   *llegada*
What's our estimated time of arrival?
¿Cuál es nuestra hora estimada de llegada?

arrive, to   *llegar*
The flight arrived on time.
El vuelo llegó a tiempo.

as   *como*
Mike is as tall as his brother Tom.
Mike es tan alto como su hermano Tom.

ascent   *subida*
The mountain ascent was difficult.
La subida a la montaña fue difícil.

ash   *ceniza*
The ashes from the volcano seemed like snowflakes.
Las cenizas del volcán parecían copos de nieve.

ashamed   *avergonzado, apenado/-a*
You should feel ashamed for what you did.
Deberías sentirte avergonzado por lo que hiciste.

ashtray   *cenicero*
I don't have ashtrays because nobody at home smokes.
No tengo ceniceros porque nadie fuma en la casa.

ask, to   *preguntar*
Don't ask me why.
No me preguntes por qué.

ask for, to   *pedir*
I have to ask you for a favor.
Te tengo que pedir un favor.

asleep   *dormido/-a*
The child fell asleep on the grass.
El niño se quedó dormido en el pasto.

at (once)   *a, en (seguida)*
I will meet you at the restaurant at three.
Te veré en el restaurante a las tres.

ATM machine   *cajero automático*
Is there an ATM machine near here?
¿Hay un cajero automático cerca de aquí?

attempt   *intento, tentativa*
Always try to succeed on the first attempt.
Siempre trata de tener éxito al primer intento.

attend, to   *asistir (a)*
I want to attend the concert tonight.
Quiero asistir al concierto esta noche.

attention   *atención*
Are you paying attention?
¿Estás prestando atención?

attract, to   *atraer*
Being impolite attracts trouble.
Ser descortés atrae problemas.

authority   *autoridad*
You don't have the authority to do this.
Usted no tiene la autoridad para hacer esto.

automobile   *automóvil*
I would like to rent an automobile.
Me gustaría rentar un automóvil.

avenue   *avenida*
There are a lot of stores on the main avenue.
Hay muchas tiendas en la avenida principal.

avoid, to   *evitar*
It's necessary to avoid unnecessary risks.
Es necesario evitar los riesgos innecesarios.

awake   *despierto/-a*
Are you awake?
¿Estás despierto?

B

baby   *bebé*
What a cute baby!
¡Qué lindo bebé!

baby powder   *talco*
Baby powder is good for avoiding athlete's foot.
El talco es bueno para evitar el pie de atleta.

backpack   *mochila*
A backpack is more practical than a briefcase.
Es más práctica una mochila que un portafolio.

backup   *copia de seguridad*
It would be wise to make a backup of your files.
Sería sabio hacer una copia de seguridad de tus archivos.

bad   *malo/-a, mal*
I had a very bad night.
Pasé una noche muy mala.

bake, to   *hornear*
Julia promised to bake a cake for my birthday.
Julia prometió hornear un pastel para mi cumpleaños.

balanced   *equilibrado/-a*
A well-balanced load is easier to carry.
Es más fácil llevar una carga bien equilibrada.

bald   *calvo/-a*
I think I'm going bald.
Creo que me estoy quedando calvo.

ball   *pelota*
Throw me the ball.
Aviéntame la pelota

ballpoint pen   *bolígrafo*
Lend me your ballpoint pen to sign these documents.
Préstame tu bolígrafo para firmar estos documentos.

bank   *banco*
I will wait here while you go to the bank.
Esperaré aquí mientras tú vas al banco.

banker   *banquero*
Bankers are very rich.
Los banqueros son muy ricos.

bargain   *ganga*
You can find a lot of bargains after the Christmas season.
Puedes encontrar muchas gangas después de la época navideña.

bargain, to   *regatear*
I do not like to bargain.
No me gusta regatear.

bartender   *barman*
The bartender gave us our drinks for free.
El barman nos regaló los tragos.

basement   *sótano*
The luggage is in the basement.
Las maletas están en el sótano.

basket   *canasta, cesta*
Don't put all your eggs in a single basket.
No pongas todos tus huevos en una sola canasta.

bathe, to   *bañar(se)*
I like to bathe with bubbles in the tub.
Me gusta bañarme con burbujas en la tina.

bathroom   *baño*
The bathroom in this apartment is very small.
El baño en este departamento es muy pequeño.

bathroom sink   *lavabo*
You can wash your hands in the bathroom sink.
Puedes lavarte las manos en el lavabo.

bathtub   *bañera, tina*
Good hotels have bathtubs in the bathrooms.
Los buenos hoteles tienen bañeras en los cuartos de baño.

battery   *pila, batería*
I think this flashlight needs batteries.
Creo que esta linterna necesita baterías.

bay   *bahía*
Acapulco's bay is the most beautiful in the world.
La bahía de Acapulco es la más bella del mundo.

be, to   *ser/estar*
George is very active but today he is tired.
George es muy activo pero hoy está cansado.

be able to, to   *poder, ser capaz de*
We won't be able to go to the party.
No podremos ir a la fiesta.

be born, to   *nacer*
On what day were you born?
¿Qué día naciste?

be quiet, to   *callarse*
Be quiet or I'll quiet you by force.
Cállate o te callo a la fuerza.

be worth, to   *valer*
Your love is worth more to me than all the money in the world.
Tu amor vale más para mí que todo el dinero del mundo.

beach   *playa*
Let's go to the beach!
¡Vamos a la playa!

beautiful   *hermoso/-a*
What a beautiful place!
¡Qué lugar tan hermoso!

beauty   *belleza*
The beauty of this place is impressive.
La belleza de este lugar es impresionante.

because   *porque*
Let's go because it's getting late.
Vamos porque se hace tarde.

become, to   *volverse, convertirse, hacerse*
It's difficult to become a millionaire without working.
Es difícil hacerse millonario sin trabajar.

bed   *cama*
I want a room with a double bed.
Quiero una habitación con una cama doble.

bedroom   *dormitorio, habitación*
The house has two bedrooms.
La casa tiene dos dormitorios.

bedspread   *colcha*
I do not have a bedspread for my bed.
No tengo colcha para mi cama.

before   *antes*
It's important to wash one's hands before eating.
Es importante lavarse las manos antes de comer.

beggar   *mendigo*
There are usually beggars outside churches.
Suele haber mendigos afuera de las iglesias.

begin, to   *empezar, comenzar, principiar*
The course begins next year.
El curso comienza el año próximo.

beginning   *principio*
A good beginning doesn't guarantee a good ending.
Un buen principio no garantiza un buen final.

behavior   *comportamiento*
I don't understand your behavior.
No entiendo tu comportamiento.

behind   *atrás, detrás (de)*
The museum is behind the church.
El museo está detrás de la iglesia.

believe, to   *creer*
I believe the museum closes at five.
Creo que el museo cierra a las cinco.

bell   *campana*
The church has a bell.
La iglesia tiene una campana.

bellhop   *botones*
Where's the bellhop?
¿Dónde está el botones?

belong, to   *pertenecer*
That bag doesn't belong to me.
Esa bolsa no me pertenece.

belt   *cinturón*
It's important to wear seat belts.
Es importante usar cinturones de seguridad.

bench *banca*
I like to sit on a bench at the park.
Me gusta sentarme en una banca en el parque.

besides *además*
I can't go and besides I don't want to go with you.
No puedo ir y además no quiero ir contigo.

best *el/la mejor*
This is the best restaurant in town.
Este es el mejor restaurante de la ciudad.

bet *apuesta*
Is it legal to make bets on the game?
¿Es legal hacer apuestas en el juego?

betrayal *traición*
A betrayal can destroy a relationship.
Una traición puede destruir una relación.

better *mejor*
It's better to travel in the off season.
Es mejor viajar en temporada baja.

between *entre*
We can share the popcorn between us.
Podemos repartir las palomitas entre nosotros.

bible *biblia*
There's usually a bible in hotel rooms.
Suele haber una biblia en los cuartos de hotel.

bicycle *bicicleta*
A mountain bicycle and a racing bicycle are very different.
Una bicicleta de montaña y una de carreras son muy diferentes.

big *grande, gran*
I want a very big house with a big pool.
Quiero una casa muy grande con una gran piscina.

bigger *mayor, más grande*
Frank's house is bigger than mine.
La casa de Frank es más grande que la mía.

bilingual *bilingüe*
Being bilingual is a great advantage.
Ser bilingüe es una gran ventaja.

bill   *cuenta (factura)/billete bancario*
How much is the bill?
¿Cuánto es la cuenta?

birthday   *cumpleaños*
When is your birthday?
¿Cuándo es tu cumpleaños?

bite, to   *morder*
Don't let your dog bite me.
No dejes que me muerda tu perro.

bland   *insípido/-a*
There is nothing bland in Spanish cuisine.
No hay nada en la cocina española que sea insípido.

blanket   *cobija, manta, frazada*
I need another blanket please.
Necesito otra cobija, por favor.

bleach   *cloro*
Don't use bleach to wash my clothes.
No use cloro para lavar mi ropa.

blend   *mezcla, combinación*
Mexican cuisine has a particular blend of flavors.
La cocina mexicana tiene una mezcla de sabores particular.

blind   *ciego/-a*
In Spain, the lottery benefits the blind.
En España la lotería beneficia a los ciegos.

blond   *rubio/-a*
Joan has blond hair.
Joan tiene el pelo rubio.

blow   *golpe*
The bad news was like a painful blow.
La mala noticia fue como un golpe doloroso.

board   *tabla, tablón*
These wooden boards are warped.
Estas tablas de madera están torcidas.

board, to   *embarcar(se)*
At what time should we board?
¿A qué hora debemos embarcar?

boarding house   *pensión*
A boarding house is cheaper than a hotel.
Una pensión es más barata que un hotel.

boat   *barco*
I want to sail in a sailboat.
Quiero navegar en un barco de vela.

boil, to   *hervir*
You must boil the water from the faucet before drinking it.
Debes de hervir el agua del grifo antes de beberla.

bolt   *cerrojo*
And when you come back don't forget to slide the bolt.
Y cuando regreses no olvides echar el cerrojo.

book   *libro*
A good book can be the best travel companion.
Un buen libro puede ser el mejor compañero de viaje.

border   *frontera*
There are many problems at the border between Mexico and the
    United States.
Hay muchos problemas en la frontera entre México y Estados Unidos.

bore, to   *aburrir*
Don't bore me with your complaints.
No me aburras con tus quejas.

bored, boring   *aburrido/-a*
This movie is very boring and I'm bored.
Esta película es muy aburrida y estoy aburrido.

boss   *jefe/-a*
Claudia is lucky to have such a good boss.
Claudia tiene suerte de tener un jefe tan bueno.

both   *ambos*
Both trains arrived at the same time.
Ambos trenes llegaron al mismo tiempo.

bother   *molestia*
Mosquitoes are a bother.
Los mosquitos son una molestia.

bother, to   *molestar, importunar*
I'm sorry to bother you.
Siento molestarlo.

bottle   *botella*
Pass me the wine bottle, please.
Pásame la botella de vino, por favor.

bottle opener   *abridor, destapador (de botellas)*
I need a bottle opener to open this bottle.
Necesito un abridor para abrir esta botella.

bottom   *fondo*
The treasure was at the bottom of the sea.
El tesoro estaba en el fondo del mar.

bowl   *tazón*
I prefer to have my soup in a bowl.
Prefiero tomar mi sopa en un tazón.

box   *caja*
It is better to keep money in a savings bank than in a shoe box.
Es mejor guardar el dinero en una caja de ahorros que en una caja de zapatos.

box office   *taquilla*
Where is the theater box office?
¿Donde está la taquilla del teatro?

bracelet   *pulsera*
Where did you buy that bracelet?
¿Dónde compraste esa pulsera?

brake   *freno*
We need to repair the car's brakes before going on.
Necesitamos reparar los frenos del coche antes de seguir.

branch   *rama*
The executive is one of the branches of the government.
El poder ejecutivo es una de las ramas del gobierno.

brand   *marca*
Sometimes, the brand alone sells the product.
A veces, la marca a solas vende el producto.

brave   *valiente*
You don't have to be brave if you're smart.
No tienes que ser valiente si eres listo.

break   *descanso*
I recommend that you take a break in the afternoon.
Te recomiendo tomar un descanso por la tarde.

break, to   *romper(se)*
She fell and broke her leg.
Se cayó y se rompió la pierna.

breathe, to   *respirar*
It is healthy to breathe fresh air.
Es saludable respirar aire puro.

breathing   *respiración*
Is the person breathing?
Es la respiración persona?

breeze   *brisa*
There is nothing like a tropical breeze.
No hay nada como una brisa tropical.

bridge   *puente*
San Francisco's Golden Gate Bridge is famous the world over.
El puente Golden Gate de San Francisco es famoso en todo el mundo.

briefcase   *portafolio, maletín*
Don't forget your briefcase.
No olvides tu portafolio.

bring, to   *traer*
Don't forget to bring a sweater in case it gets cold.
No olvides traer un suéter por si hace frío.

brochure   *folleto*
You could ask for a brochure at the travel agency.
Podrías pedir un folleto en la agencia de viajes.

broken   *roto/-a, descompuesto/-a*
Who will pick up the broken dishes?
¿Quién recogerá los platos rotos?

broom   *escoba*
Take the broom and start sweeping.
Toma la escoba y ponte a barrer.

bucket   *cubeta, cubo*
The bucket filled up with rain water.
La cubeta se llenó con agua de lluvia.

budget   *presupuesto*
We can't spend a lot because our budget is limited.
No podemos gastar mucho porque nuestro presupuesto es limitado.

build, to   *construir*
They are building a new mall in the city's outskirts.
*Están construyendo un nuevo centro comercial en las afueras de la
   ciudad.*

building   *edificio*
Many of New York's buildings are very beautiful.
Muchos de los edificios de Nueva York son muy bellos.

bullfighter   *torero*
You have to be very brave to be a bullfighter.
Hay que ser muy valiente para ser torero.

burn, to   *quemar(se), arder*
Wear sunscreen so that you don't burn yourself.
Usa crema solar para no quemarte.

burned   *quemado/-a*
It smells like something burned.
Huele a quemado.

bus   *autobús, camión*
Can you get there by bus?
¿Se puede llegar allá en camión?

bus stop   *parada (de autobús)*
The bus stop is at the corner of the street.
La parada de autobús está en la esquina de la calle.

bus terminal   *terminal (de autobuses)*
Can you tell me where the bus terminal is?
¿Me puede decir dónde está la terminal de autobuses?

bush   *arbusto*
The path is behind those bushes.
El sendero está atrás de aquellos arbustos.

business   *empresa, negocio*
The business that I work for is very successful.
La empresa para la que trabajo es muy exitosa.

busy   *ocupado/-a*
John is always busy.
John siempre está ocupado.

but   *pero*
We went to the museum but it was closed.
Fuimos al museo pero estaba cerrado.

buy, to   *comprar(se)*
Where can I buy handcrafts?
¿Dónde puedo comprar artesanías?

C

cabin   *cabaña*
I have a cabin in the mountains.
Tengo una cabaña en las montañas.

cage   *jaula*
I can't stand seeing birds in cages.
No soporto ver pájaros en jaulas.

calculator   *calculadora*
Do you have a calculator I can borrow?
¿Tienes una calculadora que me prestes?

calendar   *calendario*
According to the calendar, today is January first.
Según el calendario, hoy es el primero de enero.

call   *llamada*
Long-distance calls can be expensive.
Las llamadas de larga distancia pueden ser caras.

call, to   *llamar*
Her name is Mary; call her up.
Se llama Mary; llámala por teléfono.

calm   *tranquilo/-a*
The sea is calm; we can swim.
El mar está tranquilo; podemos nadar.

calm (down), to   *calmar(se)*
Calm down!
¡Cálmese!

camera   *cámara (fotográfica)*
I forgot my camera.
Se me olvidó mi cámara.

camp, to   *acampar*
Is there a place to camp around here?
¿Hay un lugar donde acampar por aquí?

can opener   *abrelatas*
There's never a can opener when you need it.
Nunca hay un abrelatas cuando lo necesitas.

cancel, to   *anular, cancelar*
I canceled my doctor's appointment.
Cancelé mi cita con el doctor.

cancer   *cáncer*
There have been significant advances in cancer treatment.
Han habido avances significativos en el tratamiento contra el cáncer.

candidate   *candidato/-a*
The popular candidate doesn't always win the election.
El candidato popular no siempre gana las elecciones.

candle   *vela*
Here are the candles; where are the matches?
Aquí están las velas, ¿dónde están los cerillos?

candy   *dulce, caramelo, golosina*
Alice likes candy very much.
A Alice le gustan mucho los dulces.

capable   *capaz*
He is a very capable man.
Es un hombre muy capaz.

capacity   *capacidad*
I'm working at maximum capacity.
Estoy trabajando al máximo de mi capacidad.

car   *carro, coche*
A rental car is cheaper than paying taxis.
Un carro rentado es más económico que pagar taxis.

car horn   *claxon, bocina*
In some cities it is forbidden to use the car horn.
En algunas ciudades está prohibido tocar el claxon.

card   *tarjeta*
Send me a postcard.
Mándame una tarjeta postal.

cardboard   *cartón*
We can send the gift in a cardboard box.
Podemos enviar el regalo en una caja de cartón.

career   *carrera profesional*
Bill has been very successful in his professional career.
Bill ha sido muy exitoso en su carrera profesional.

careful   *cuidadoso/-a*
You have to be careful.
Tienes que ser cuidadoso.

careless   *descuidado/-a*
He had an accident because he was careless.
Tuvo un accidente porque fue descuidado.

caring   *bondadoso/-a*
Luisa is a very caring person.
Luisa es una persona muy bondadosa.

carpet   *alfombra*
What a nice carpet!
¡Que bonita alfombra!

carry, to   *cargar, llevar*
He carries a heavy load.
Él lleva una carga muy pesada.

carrying case   *maletín*
I carry the computer in its carrying case.
Llevo la computadora en su maletín.

case   *caso/caja*
The case is about a stolen jewel case.
El caso es sobre una caja de joyas robada.

cash   *efectivo/-a (dinero)*
I paid with a check because I didn't have cash.
Pagué con un cheque porque no tenía efectivo.

cash a check, to   *cambiar un cheque*
Can you cash this traveler's check for me?
¿Puede cambiarme este cheque de viajero?

cashier   *cajero (automático)*
Pay the bill at the cashier.
Paga la cuenta en el cajero.

castle   *castillo*
The most famous castle in the world is in Disneyland.
El castillo más famoso del mundo está en Disneylandia.

catch, to   *atrapar*
Catch the ball.
Atrapa la pelota.

cathedral   *catedral*
The cathedral is on the main square.
La catedral está en la plaza principal.

Catholic   *católico/-a*
Do you know where can I find a Catholic church?
¿Sabe dónde puedo encontrar una iglesia católica?

cause, to   *causar*
Hurricanes cause great damage in the Gulf Coast states.
Los huracanes causan grandes daños en los estados de la costa del golfo.

cautious   *cauteloso/-a*
Let's be cautious drivers.
Seamos conductores cautelosos.

cave   *cueva*
The caves in Altamira have prehistoric paintings.
Las cuevas de Altamira tienen pinturas prehistóricas.

CD   *disco compacto*
I want to buy this record in CD format.
Quiero comprar este disco en formato de disco compacto.

CD, MP3 player   *reproductor (de CD, MP3)*
MP3 players have become very popular.
Los reproductores de MP3 se han vuelto muy populares.

ceiling   *techo (interior), plafón*
The ceiling and the walls in this room need painting.
El techo y las paredes necesitan pintarse.

celebrate, to *celebrar*
I invite you to celebrate my birthday.
Te invito a celebrar mi cumpleaños.

celebration *celebración*
Independence Day is a national celebration.
El día de la independencia es una celebración nacional.

cell phone *teléfono celular, móvil*
Do not forget your cell phone.
No olvides tu teléfono celular.

cent *centavo*
The ticket costs ten dollars and fifty cents.
El boleto cuesta diez dólares con cincuenta centavos.

central heating *calefacción central*
In the tropics central heating is not needed.
En los países tropicales no se necesita calefacción central.

century *siglo*
The twentieth century was a very exciting century.
El siglo veinte fue un siglo muy emocionante.

ceramics *cerámica*
Handcrafted ceramics are very pretty but very expensive.
La cerámica artesanal es bonita pero muy cara.

ceremony *ceremonia*
The ceremony was very moving.
La ceremonia fue muy emotiva.

certainty *certeza*
I don't know with certainty what happened.
No sé con certeza lo que sucedió.

chain *cadena*
Let's make a human chain.
Hagamos una cadena humana.

chair *silla*
The dining-room table has twelve chairs.
La mesa del comedor tiene doce sillas.

champion *campeón(a)*
The champion won the tournament again.
El campeón ganó el torneo otra vez.

chance   *casualidad*
We got here by chance.
Llegamos aquí por casualidad.

change   *cambio*
I need change to give tips.
Necesito cambio para dar propinas.

change, to   *cambiar*
Things are going to change.
Las cosas van a cambiar.

chapel   *capilla*
The chapels surround the main nave.
Las capillas rodean la nave principal.

charge, to   *cobrar*
They charge a fee to get in.
Cobran una cuota para entrar.

charming   *encantador*
My neighbor is charming.
Mi vecino es encantador.

chase, to   *perseguir, corretear*
The dog chased me all the way home.
El perro me persiguió hasta la casa.

chat, to   *charlar*
Let's chat for a while.
Charlemos un rato.

cheap   *barato/-a*
I bought a very cheap watch; it was only ten dollars.
Compré un reloj muy barato; sólo me costó diez dólares.

cheater   *tramposo/-a*
In the end, cheaters only cheat themselves.
Al final, los tramposos sólo se engañan a sí mismos.

check, to   *checar, revisar, verificar*
We should check the motor oil before leaving.
Deberíamos verificar el aceite del coche antes de salir.

check in, to   *registrarse*
After checking in we can go find something to eat.
Después de registrarnos podemos ir a buscar algo de comer.

cheerful   *alegre*
Juan is a cheerful person
Juan es una persona alegre.

cheerfulness   *alegría*
I like the cheerfulness of the winter holidays.
Me gusta la alegría de las celebraciones de invierno.

chess   *ajedrez*
Do you know how to play chess?
¿Sabes jugar ajedrez?

chest of drawers   *cómoda, cajonera*
This chest of drawers is a valuable antique.
Esta cómoda es una antigüedad valiosa.

child   *niño/-a*
This child is Victor's son.
Este niño es hijo de Víctor.

choke, to   *asfixiar(se)*
Too much smoke can choke someone.
Demasiado humo puede asfixiar a alguien.

cholera   *cólera*
Cholera symptoms are vomiting and diarrhea.
Los síntomas del cólera son vómito y diarrea.

choose, to   *escoger*
I don't know which dress to choose for the theater.
No sé qué vestido escoger para el teatro.

chore   *tarea*
Mopping the kitchen floor is a necessary chore.
Trapear el piso de la cocina es una tarea necesaria.

Christian   *cristiano/-a*
I'm Christian but not Catholic.
Soy cristiano pero no soy católico.

Christmas   *Navidad*
I wish you a Merry Christmas.
Te deseo una Feliz Navidad.

church   *iglesia*
This church dates from the sixteenth century.
Esta iglesia data del siglo dieciséis.

cigarette   *cigarrillo*
Is cigarette smoking allowed here?
¿Se pueden fumar cigarrillos aquí?

circus   *circo*
There's a circus in the city.
Hay un circo en la ciudad.

citizen   *ciudadano/-a*
I am not a United States citizen.
No soy un ciudadano de Estados Unidos.

city   *ciudad*
Los Angeles is a huge city in California.
Los Ángeles es una ciudad enorme en California.

city block   *cuadra*
From here to downtown, there are ten city blocks.
De aquí al centro hay diez cuadras.

class   *clase*
I have to go to my English class.
Tengo que ir a mi clase de inglés.

classical   *clásico/-a*
I like classical music.
Me gusta la música clásica.

classroom   *salón de clase*
My classroom is very cold in the winter.
Mi salón de clase es muy frío en el invierno.

clean   *limpio/-a*
It's very important to keep your hands clean.
Es muy importante mantener las manos limpias.

clean, to   *limpiar*
May I come in to clean the room?
¿Puedo pasar a limpiar la habitación?

clear   *despejado/-a*
The sky is clear today.
El cielo está despejado hoy.

clearance sale   *liquidación*
After Christmas there are great clearance sales.
Después de Navidad hay grandes liquidaciones.

clerk   *dependiente*
Ask the store clerk for help.
Pídele ayuda al dependiente de la tienda.

clever   *listo/-a*
Because he's clever and studious he's ready to go to university.
Porque es listo y estudioso ya está listo para ir a la universidad.

climate   *clima*
Cuernavaca has a very good climate.
Cuernavaca tiene muy buen clima.

climb, to   *escalar, subir*
Have you ever climbed a mountain?
¿Alguna vez has escalado una montaña?

clock   *reloj (de piso, de pared)*
Is that a cuckoo clock?
¿Es ese un reloj de cucú?

close, to   *cerrar*
Please close the door when you leave.
Por favor cierra la puerta cuando te vayas.

closed   *cerrado/-a*
Museums are closed on Mondays.
Los museos están cerrados los lunes.

closet   *armario*
This apartment has a lot of closets.
Este departamento tiene muchos armarios.

cloth   *tela*
This dress cloth is very high quality.
La tela de este vestido es de muy alta calidad.

clothes   *ropa*
Do you have enough warm clothes for the trip?
¿Tienes suficiente ropa cálida para el viaje?

cloud   *nube*
I'm worried about those dark clouds.
Me preocupan esas nubes oscuras.

cloudy   *nublado/-a*
The sky is cloudy.
El cielo está nublado.

clumsy   *torpe*
   I always trip because I'm very clumsy.
   Siempre me tropiezo porque soy muy torpe.

coast   *costa*
   We can see the coast from the ship.
   Podemos ver la costa desde el barco.

coat hanger   *gancho (de ropa)*
   There are coat hangers in the closet.
   Hay ganchos en el guardarropa.

code   *código*
   You must always write the postal code on the envelope.
   Siempre debes escribir el código postal en el sobre.

coffee pot   *cafetera*
   Put the coffee in the coffee pot.
   Pon el café en la cafetera.

coffee shop   *café*
   I will see you at the coffee shop.
   Te veré en el café.

coin   *moneda*
   Do you have some coins for the tip?
   ¿Tienes unas monedas para la propina?

cold   *frío*
   It's very cold today.
   Hoy hace mucho frío.

colleague   *colega*
   Your colleagues aren't necessarily your friends.
   Tus colegas no son necesariamente tus amigos.

collection   *colección*
   The museum is showing an interesting painting collection.
   El museo está mostrando una interesante colección de pintura.

comb   *peine*
   How much is that tortoiseshell comb?
   ¿Cuánto cuesta ese peine de carey?

come, to   *venir*
   Come have lunch with us.
   Ven a almorzar con nosotros.

comedy   *comedia*
The comedy we saw last night wasn't very funny.
La comedia que vimos anoche no fue muy cómica.

comfortable   *cómodo/-a*
I feel very comfortable in your house.
Me siento muy cómodo en tu casa.

command   *orden, mandato*
The soldiers obey the general's commands.
Los soldados obedecen las órdenes del general.

command, to   *mandar, ordenar*
The general commanded his troops to begin the retreat.
El general mandó a sus tropas que iniciaran la retirada.

comment, to   *comentar*
I will not comment on the matter.
No comentaré sobre el asunto.

commerce   *comercio*
Commerce benefits the country's economy.
El comercio beneficia la economía del país.

commitment   *compromiso*
I have many commitments this week.
Tengo muchos compromisos esta semana.

common   *común*
Rice is a common ingredient in Hispanic cuisine.
El arroz es un ingrediente común en la cocina hispánica.

communicate, to   *comunicar(se)*
Let's try to communicate in English.
Tratemos de comunicarnos en inglés.

communication   *comunicación*
Communication is the key to a good relationship.
La comunicación es la clave de una buena relación.

companion   *compañero/-a, acompañante*
Peter is a good traveling companion.
Pedro es un buen compañero de viaje.

company   *compañía*
I work for a small company.
Trabajo para una compañía pequeña.

compass   *brújula*
If we had a compass we wouldn't be so lost.
Si tuviéramos una brújula no estaríamos tan perdidos.

complain, to   *quejarse*
It's no use to complain.
No sirve de nada quejarse.

complaint   *queja*
Where can I lodge a complaint?
¿Dónde puedo poner una queja?

completely   *completamente*
I'm afraid that we're completely lost.
Me temo que estamos completamente perdidos.

complicated   *complicado/-a*
It's a complicated situation.
Es una situación complicada.

computer   *computadora, ordenador*
Computers have become indispensable.
Los ordenadores se han vuelto indispensables.

concert   *concierto*
Last night's concert was wonderful.
El concierto de anoche fue maravilloso.

conclude, to   *concluir*
To conclude the city tour we will visit the cathedral.
Para concluir la visita de la ciudad visitaremos la catedral.

condition   *condición, estado*
He can't travel in that condition.
No puede viajar en ese estado.

condom   *condón, preservativo*
Having sex without a condom is dangerous.
Es peligroso tener relaciones sexuales sin condón.

confess, to   *confesar(se)*
I confess I don't know.
Confieso que no sé.

confirm, to   *confirmar*
You must confirm your reservation before your flight.
Debes confirmar tu reservación antes de tu vuelo.

confused   *confuso/-a*
I am lost and confused.
Estoy perdido y confuso.

congested   *congestionado/-a*
The avenue is congested because of the protest march.
La avenida está congestionada por la manifestación.

congratulations   *felicidades*
Congratulations on the prize you won.
Felicidades por el premio que ganaste.

connect, to   *conectar(se)*
Where can I connect to the Internet?
¿Dónde puedo conectarme a la red?

conscience   *conciencia*
My conscience is at peace.
Mi conciencia está en paz.

consent   *consentimiento*
We did it with his consent.
Lo hicimos con su consentimiento.

consequence   *consecuencia*
Actions have consequences.
Las acciones tienen consecuencias.

considerate   *considerado/-a*
Francisco is a very considerate person.
Francisco es una persona muy considerada.

consulate   *consulado*
I must find out the consulate's address.
Debo averiguar la dirección del consulado.

consult, to   *consultar*
Do you need to consult a doctor?
¿Necesitas consultar a un médico?

contain, to   *contener*
The firemen were able to contain the fire.
Los bomberos pudieron contener el fuego.

container   *envase*
Let's put the food in plastic containers.
Pongamos la comida en envases de plástico.

contemporary   *contemporáneo/-a*
I want to visit the contemporary art museum.
Quiero visitar el museo de arte contemporáneo.

contempt   *desdén*
I feel contempt towards dishonest people.
Siento desdén por las personas deshonestas.

contest   *concurso*
Who won the contest?
¿Quién ganó el concurso?

continue, to   *continuar, seguir*
We can't continue going around in circles.
No podemos seguir dando vueltas en círculo.

contract   *contrato*
We just need to sign the contract.
Sólo necesitamos firmar el contrato.

convenient   *conveniente*
What's a convenient place to meet?
¿Cuál es un lugar conveniente para que nos encontremos?

conversation   *conversación*
We had a nice conversation.
Tuvimos una agradable conversación.

cook   *cocinero/-a*
Julio wants to be a cook because he loves cooking.
Julio quiere ser cocinero porque le encanta la cocina.

cook, to   *cocinar*
Sophie is cooking dinner in the kitchen.
Sophie está cocinando la cena en la cocina.

cooking   *cocina, cocinar*
Mary loves cooking but her husband doesn't like her cooking.
A Mary le encanta cocinar pero a su esposo no le gusta su cocina.

cool   *fresco/-a, sereno (col.)*
The evening air is cool.
El aire de la tarde está fresco.

copy   *copia*
This is not the original; it's a copy.
Este no es el original; es una copia.

copy, to   *copiar*
I always copy my files just in case.
Siempre copio mis archivos por si acaso.

copying machine   *fotocopiadora*
I need a copying machine to copy these pages.
Necesito una fotocopiadora para copiar estas páginas.

cork   *corcho*
Can I keep the wine bottle's cork?
¿Me puedo quedar con el corcho de la botella de vino?

corkscrew   *sacacorchos*
Do you have a corkscrew?
¿Tienes un sacacorchos?

corner   *esquina*
I can wait for you at the street corner.
Te puedo esperar en la esquina de la calle.

correct, to   *corregir*
You may correct my English.
Puede corregir mi inglés.

corrupt   *corrupto/-a*
Corrupt officials abuse their authority.
Los oficiales corruptos abusan de su autoridad.

corruption   *corrupción*
Corruption is a problem everywhere.
La corrupción es un problema en todas partes.

cost   *costo, precio*
It was worth the cost.
Valió su precio.

cost, to   *costar*
How much does this painting cost?
¿Cuánto cuesta este cuadro?

cotton   *algodón*
I want to buy some cotton shirts.
Quiero comprar unas camisas de algodón.

count, to   *contar*
I am going to count to ten.
Voy a contar hasta diez.

counter   *mostrador*
Customers can't be behind the counter.
Los clientes no pueden estar detrás del mostrador.

country   *país*
How many countries have you visited?
¿Cuántos países has visitado?

country estate   *hacienda, estancia*
This hotel used to be a country estate.
Este hotel era una hacienda.

couple   *pareja*
Laura and Robert make a good couple.
Laura y Robert hacen buena pareja.

courage   *valor, valentía*
Sometimes you have to show courage.
A veces hay que mostrar valor.

course   *curso*
University courses begin in September.
Los cursos universitarios comienzan en septiembre.

court of law   *tribunal*
If you don't abide by the laws you will end up in a court of law.
Si no respetas las leyes terminarás en un tribunal.

courtesy   *cortesía*
Courtesy is very nice.
La cortesía es muy agradable.

cover (up), to   *tapar(se), cubrir(se)*
Cover up so you don't get cold.
Tápate bien para que no te dé frío.

coward   *cobarde*
Do not be a coward.
No seas cobarde.

cowardly   *miedoso/-a*
They say Gabriel is very cowardly.
Dicen que Gabriel es muy miedoso.

crafts   *oficio, destreza, artesanía*
Many crafts have become rare owing to industrialization.
Muchos oficios se han vuelto raros a causa de la industrialización.

crash   *choque*
The crash stopped traffic completely.
El choque detuvo completamente el tráfico.

crash, to   *chocar*
The cars crashed at the crossroads.
Los coches chocaron en el cruce de caminos.

crazy   *loco/-a*
Are you crazy?
¿Estás loco?

cream   *crema*
I need to buy moisturizing cream for my hands.
Necesito comprar crema humectante para mis manos.

creamy   *cremoso/-a*
We had some very creamy ice cream.
Tomamos un helado muy cremoso.

create, to   *crear*
Some people create, others just copy.
Algunas personas crean, otras solamente copian.

credit   *crédito*
Do they accept credit cards?
¿Aceptan tarjetas de crédito?

crime   *crimen*
Is there a lot of crime in that area?
¿Hay mucho crimen en esa zona?

cross, to   *cruzar*
Let's cross the street.
Crucemos la calle.

crossroads   *cruce (de caminos)*
At the crossroads, turn right.
En el cruce de caminos, den vuelta a la derecha.

crowd   *muchedumbre, multitud*
The crowd filled the stadium.
La muchedumbre llenó el estadio.

cruise   *crucero*
The cruise goes from San Diego to Acapulco.
El crucero va de San Diego a Acapulco.

cry, to   *llorar*
Don't cry; everything will turn out fine.
No llores, todo saldrá bien.

cup   *taza*
Do you want a cup of tea?
¿Quieres una taza de té?

cure   *cura, remedio*
When will they find a cure for cancer?
¿Cuándo encontrarán una cura para el cáncer?

curiosity   *curiosidad*
Curiosity killed the cat.
La curiosidad mató al gato.

curious   *curioso/-a*
He was too curious.
Era demasiado curioso.

currency   *moneda*
The United States currency is called the dollar.
La moneda estadounidense se llama el dólar.

current   *actual*
Politics is always a current topic.
La política siempre es un tema actual.

custom   *costumbre*
Taking a nap after lunch is a popular custom in Spain.
La siesta después del almuerzo es una costumbre popular en España.

customer   *cliente*
There were many customers in the store.
Había muchos clientes en la tienda.

customs   *aduana*
On arrival, we must go through customs.
Al llegar, debemos pasar por la aduana.

customs officer   *inspector(a) de aduanas*
Customs officers at the border are very strict.
Los inspectores de aduanas en la frontera son muy estrictos.

cut, to   *cortar(se)*
I cut my finger while chopping garlic.
Me corté el dedo cortando ajo.

D

daily   *diariamente*
He must take this medicine daily.
Debe tomar esta medicina diariamente.

dance   *baile*
Are you going to the dance tonight?
¿Vas a ir al baile esta noche?

dance, to   *bailar*
Would you like to dance?
¿Quiere bailar?

dancer   *bailarín(a)*
You are a good dancer.
Es usted un buen bailarín.

danger   *peligro*
Many species are in danger of extinction.
Muchas especies están en peligro de extinción.

dangerous   *peligroso/-a*
Driving at high speed is dangerous.
Manejar a alta velocidad es peligroso.

dare, to   *atreverse*
I don't dare parachute.
No me atrevo a saltar en paracaídas.

dark   *oscuro/-a*
The stars shine brighter in a dark sky.
En una noche oscura las estrellas brillan más.

dark-skinned   *moreno/-a*
Dark-skinned persons are less prone to sunburn.
Las personas morenas son menos propensas a las quemaduras de sol.

darkness   *oscuridad*
Does darkness scare you?
¿Te asusta la oscuridad?

data   *datos*
I don't have much data on the matter.
No tengo muchos datos sobre el asunto.

data processing   *procesamiento de datos*
  My friend has a data processing business.
  Mi amigo tiene un negocio de procesamiento de datos.

database   *base de datos*
  In any business it is a good idea to have a database.
  En cualquier negocio es una buena idea tener una base de datos.

date   *fecha*
  What's today's date?
  ¿Cuál es la fecha de hoy?

dawn   *amanecer, madrugada*
  We danced until dawn.
  Bailamos hasta la madrugada.

day   *día*
  It's very hot during the day.
  Hace mucho calor durante el día.

day after tomorrow   *pasado mañana*
  We leave for Ecuador the day after tomorrow.
  Salimos para Ecuador pasado mañana.

day tripper   *excursionista*
  The day trippers arrived tired and hungry.
  Los excursionistas llegaron cansados y hambrientos.

dead   *muerto/-a*
  The victim was already dead when the rescue crew arrived.
  La víctima ya estaba muerta cuando llegó el equipo de rescate.

deaf   *sordo/-a*
  My grandfather is a little deaf.
  Mi abuelo está un poco sordo.

deal   *trato*
  It's a deal!
  ¡Es un trato!

dear   *querido/-a*
  Thank you for coming, dear friends.
  Gracias por venir, queridos amigos.

death   *muerte*
  Let's not think about death.
  No pensemos en la muerte.

debt   *deuda*
Fortunately I was able to pay my debts.
Afortunadamente pude pagar mis deudas.

deceive, to   *engañar*
I swear that I'm not deceiving you.
Te juro que no te estoy engañando.

decide, to   *decidir(se)*
You don't have to decide right now.
No tienes que decidirte ahora mismo.

decision   *decisión*
We must make a decision right now.
Debemos tomar una decisión ahora mismo.

deep   *hondo/-a, profundo/-a*
How deep is the pool?
¿Qué tan honda es la piscina?

defeat, to   *vencer*
The local team defeated the visiting team.
El equipo local venció al equipo visitante.

defective   *defectuoso/-a*
This laptop is defective.
Esta computadora portátil está defectuosa.

defend, to   *defender(se)*
I tried to defend myself as best I could.
Traté de defenderme lo mejor que pude.

deforestation   *deforestación*
We must stop deforestation.
Debemos detener la deforestación.

delay   *retraso, demora*
I can't justify my delay.
No puedo justificar mi retraso.

delayed   *retrasado/-a*
The flight is delayed because of the storm.
El vuelo está retrasado a causa de la tormenta.

delicate   *delicado/-a*
It's a very delicate situation.
Es una situación muy delicada.

delicious   *delicioso/-a*
This dish is delicious.
Este platillo está delicioso.

deliver, to   *entregar*
I delivered the documents to the manager.
Le entregué los documentos al gerente.

democracy   *democracia*
I think living in a democracy is preferable.
Creo que es preferible vivir en una democracia.

deny, to   *negarse*
If you know it, don't deny it.
Si lo sabes, no lo niegues.

deodorant   *desodorante*
Where can I buy deodorant?
¿Dónde puedo comprar desodorante?

departure   *salida, ida*
We need to find the departure gate.
Necesitamos encontrar la puerta de salida.

deposit, to   *depositar*
I would like to deposit this money at the bank.
Quisiera depositar este dinero en el banco.

descendant   *descendiente*
The king of Spain is a descendant of the kings of France.
El rey de España es descendiente de los reyes de Francia.

descent   *bajada, descenso*
Be careful on the descent.
Ten cuidado en la bajada.

describe, to   *describir*
Describe what you want to buy.
Describa lo que quiere comprar.

desire, to   *desear*
What do you desire most in life?
¿Qué es lo que más deseas en la vida?

desk   *escritorio*
I put the documents on the desk.
Puse los documentos sobre el escritorio.

desperate   *desesperado/-a*
I was desperate to see you.
Estaba desesperado por verte.

destination   *destino (de llegada)*
I hope you arrive well, whichever your destination may be.
Espero que llegue bien cualquiera que sea su destino.

destroy, to   *destruir*
We should not destroy our planet.
No debemos destruir nuestro planeta.

detail   *detalle*
It's important to pay attention to detail.
Es importante fijarse en los detalles.

detour   *desviación, desvío*
We had to take a detour because of the work on the road.
Tuvimos que tomar un desvío debido a la obra en la carretera.

develop, to   *desarrollar*
We need to develop new technologies to prevent global warming.
*Necesitamos desarrollar nuevas tecnologías para prevenir el
    calentamiento global*

devil   *diablo*
The devil is in the details.
El diablo está en los detalles.

diaper   *pañal*
Cloth diapers are not practical.
Los pañales de tela no son prácticos.

die, to   *morir*
Is an idea worth dying for?
¿Vale la pena morir por una idea?

diet   *dieta, régimen alimenticio*
I hate being on a diet but I have to for health reasons.
Odio estar a dieta pero tengo que hacerlo por razones de salud.

difference   *diferencia*
I don't see any difference between these two models.
No veo ninguna diferencia entre estos dos modelos.

different   *diferente*
I assure you they are radically different.
Le aseguro que son radicalmente diferentes.

difficult   *difícil*
English is not a difficult language to learn.
El inglés no es un idioma difícil de aprender.

dining room   *comedor*
Where is the main dining room?
¿Dónde está el comedor principal?

direct   *directo/-a*
There are six direct flights to Washington, D.C. daily.
Hay seis vuelos directos a Washington, D.C. diariamente.

direct, to   *dirigir*
The police directed the traffic away from the protest march.
La policía dirigió el tráfico lejos de la manifestación.

dirty   *sucio/-a*
The kitchen floor is very dirty.
El piso de la cocina está muy sucio.

disappear, to   *desaparecer*
Many species are about to disappear from the planet.
Muchas especies están a punto de desaparecer del planeta.

disappoint, to   *decepcionar*
I will not disappoint you.
No te decepcionaré.

disaster   *desastre*
Tornados are a common natural disaster.
Los tornados son un desastre natural común.

disconnect, to   *desconectar*
My computer got disconnected from the Internet.
Mi computadora se desconectó del internet.

discount   *descuento, rebaja*
I can buy it if you give me a discount.
Lo puedo comprar si me da un descuento.

discover, to   *descubrir, averiguar*
Christopher Columbus discovered America.
Cristóbal Colón descubrió América.

discreet　　*discreto/-a*
Discreet people don't gossip.
Las personas discretas no cuentan chismes.

discriminate, to　　*discriminar*
When we discriminate we threaten civil rights.
Cuando discriminamos atentamos contra los derechos civiles.

discrimination　　*discriminación*
In spite of rhetoric, there is still a lot of racial discrimination.
A pesar de la retórica, todavía hay mucha discriminación racial.

disgust　　*asco*
I feel disgust because of that bad smell.
Siento asco por ese mal olor.

disk drive　　*unidad de disco*
Can you fix my laptop's disk drive?
¿Puede reparar la unidad de disco de mi computadora portátil?

disloyal　　*desleal*
It's unforgivable to be disloyal.
Es imperdonable ser desleal.

dissatisfied　　*insatisfecho/-a*
I'm dissatisfied with the service at this hotel.
Estoy insatisfecho con el servicio en este hotel.

distance　　*distancia*
What's the distance between Madrid and Barcelona?
¿Cuál es la distancia entre Madrid y Barcelona?

distant　　*lejano/-a*
I like to travel to distant places.
Me gusta viajar a lugares lejanos.

ditch　　*zanja*
My uncle dug a ditch to water his vegetable garden.
Mi tío cavó una zanja para regar su huerta.

dizziness　　*mareo*
Do you suffer from bouts of dizziness?
¿Sufres de episodios de mareo?

dizzy　　*mareado/-a*
I feel dizzy.
Me siento mareado.

do, to *hacer*
What are you doing tonight?
¿Qué vas a hacer esta noche?

dock *muelle*
The ship reached the dock on time.
El barco llegó al muelle a tiempo.

document *documento*
Don't forget to make a backup of your documents.
No olvides hacer una copia de seguridad de tus documentos.

doll *muñeca*
I saw some handmade dolls at the market.
Vi unas muñecas hechas a mano en el mercado.

door *puerta*
The front door is closed.
La puerta principal está cerrada.

doorbell *timbre*
I think I heard the doorbell ring.
Creo que escuché sonar el timbre.

double *doble*
I'm willing to pay double and even triple.
Estoy dispuesto a pagar el doble y hasta el triple.

doubt, to *dudar*
I doubt that this is the right road.
Dudo que este sea el camino correcto.

doubtful *dudoso/-a*
It's doubtful that we can get there through here.
Es dudoso que podamos llegar por aquí.

down *abajo*
What's down there?
¿Qué hay allá abajo?

download, to *descargar*
Don't forget to download your messages on your computer.
No te olvides de descargar tus mensajes en la computadora.

downtown *centro*
Do you want to go walk downtown?
¿Quieres ir a pasear al centro?

dozen   *docena*
It's cheaper by the dozen.
Es más barato por docena.

draw, to   *dibujar*
She draws lovely flowers.
Ella dibuja flores lindas.

drawer   *cajón*
The shirts are in the first drawer.
Las camisas están en el primer cajón.

drawing   *dibujo*
It is a very valuable drawing by a French artist.
Es un dibujo muy valioso de un artista francés.

dream   *sueño*
Dreams can come true.
Los sueños se pueden hacer realidad.

dream, to   *soñar*
What did you dream last night?
¿Qué soñaste anoche?

dress, to   *vestir(se)*
Louis always dresses very well.
Louis siempre se viste muy bien.

drink, to   *beber*
I like to drink red wine.
Me gusta beber vino tinto.

drinkable   *potable*
Fountain water is not drinkable.
El agua de las fuentes no es potable.

drip, to   *gotear*
I couldn't sleep because the faucet dripped all night.
No pude dormir porque el grifo goteó toda la noche.

drive, to   *conducir, manejar*
Drive carefully.
Conduce con cuidado.

driver   *chofer, conductor(a)*
The taxi driver was very nice.
El chofer del taxi fue muy amable.

driving permit   *permiso de conducir*
You need a driving permit or a license to drive a car.
Necesitas un permiso de conducir o una licencia para manejar un auto.

drizzle   *llovizna*
Drizzle is a very light rain.
La llovizna es una lluvia muy ligera.

drop   *gota/caída*
Water runs out drop by drop.
Gota a gota el agua se agota.

drop, to   *tirar, dejar caer*
Careful! Don't drop that vase; it's priceless.
¡Cuidado! No dejes caer ese jarrón; no tiene precio.

drown, to   *ahogarse*
He drowned in the sea at night.
Se ahogó en el mar en la noche.

drug   *droga*
Drugs are illegal in most countries.
Las drogas son ilegales en la mayoría de los países.

drug addiction   *drogadicción*
Drug addiction has terrible consequences.
La drogadicción tiene consecuencias terribles.

drug dealer   *traficante de drogas*
A drug dealer's life is not as glamorous as it seems.
La vida de un traficante de drogas no es tan glamorosa como parece.

drunk   *borracho/-a*
I think Tony is drunk.
Creo que Tony está borracho.

dry   *seco/-a*
Your clothes are dry now.
Ya está seca tu ropa.

dry (up), to   *secar(se)*
The well dried up in the summer.
El pozo se secó en el verano.

dryer   *secadora*
Can I plug in my hair dryer?
¿Puedo conectar mi secadora de pelo?

dumb   *mudo/-a, /tonto/-a*
I feel dumb for getting lost in such a small museum.
Me siento tonto por haberme perdido en un museo tan pequeño.

during   *durante*
You can't use cell phones during the flight.
No se pueden usar teléfonos celulares durante el vuelo.

dusk   *crepúsculo*
During the summer, dusk is around seven.
En el verano, el crepúsculo es alrededor de las siete.

duty   *deber*
Serving my country is a duty and a pleasure.
Servir a mi país es un deber y un placer.

E

each   *cada*
There are flights leaving each hour.
Hay vuelos que salen cada hora.

early   *temprano*
Tomorrow we will leave early in the morning.
Mañana saldremos muy temprano por la mañana.

earn, to   *ganar(se), merecer*
Keep it; you earned it.
Quédatelo; te lo ganaste.

earphones   *audífonos*
Take off your earphones so you can hear what I'm telling you.
Quítate los audífonos para que puedas oír lo que te estoy diciendo.

earth   *tierra*
Planet Earth is in danger.
El planeta tierra está en peligro.

earthquake   *terremoto*
Earthquakes and forest fires are common in California.
Los terremotos y los incendios forestales son comunes en California.

easy   *fácil*
Fortunately, the problem was very easy to solve.
Afortunadamente, el problema fue muy fácil de resolver.

eat, to   *comer, alimentarse*
It is necessary to eat well to have energy.
Es necesario alimentarse bien para tener energía.

eat breakfast, to   *desayunar*
We will eat breakfast early in the morning.
Vamos a desayunar temprano en la mañana

eat dinner, to   *cenar*
In Spain people eat dinner very late.
En España la gente cena muy tarde.

echo   *eco*
There's an echo in here; can you hear it?
Hay un eco aquí adentro, ¿lo oyes?

economy   *economía*
The economy is always on the brink of crisis.
La economía siempre está al borde de la crisis.

edition   *edición (electrónica)*
This is a better edition of the book.
Esta es una mejor edición del libro.

education   *educación*
Education is acquired at school and good manners at home.
La educación se adquiere en la escuela y los buenos modales en la casa.

educational   *educativo/-a*
The museum store sells educational materials.
La tienda del museo vende materiales educativos.

effort   *esfuerzo*
The effort brings rewards.
El esfuerzo trae recompensas.

elect, to   *elegir*
The voters elect their representatives.
Los electores eligen a sus representantes.

election   *elección*
The election results were questioned by the international media.
*Los resultados de las elecciones fueron cuestionados por los medios
    internacionales.*

electrical outlet　*enchufe*
I need a grounded electrical outlet to plug in my computer.
Necesito un enchufe trifásico para enchufar mi computadora.

electricity　*electricidad*
We couldn't survive without electricity anymore.
Ya no podríamos sobrevivir sin electricidad.

elegant　*elegante*
I feel like going to an elegant place for dinner.
Tengo ganas de ir a cenar a un lugar elegante.

elevator　*ascensor, elevador*
The building has two elevators.
El edificio tiene dos ascensores.

e-mail　*correo electrónico*
What's your e-mail address?
¿Cuál es tu dirección de correo electrónico?

embarrassing　*embarazoso/-a, incomodo/-a, vergonzante*
We find ourselves in a very embarrassing situation.
Nos encontramos en una situación muy embarazosa.

embassy　*embajada*
The embassy is near the hotel.
La embajada está cerca del hotel.

emerald　*esmeralda*
Colombian emeralds are the best in the world.
Las esmeraldas colombianas son las mejores del mundo.

emergency　*emergencia*
This is an emergency.
Esto es una emergencia.

emotional　*emocional, emotivo/-a*
This trip has been full of strong emotional experiences.
Este viaje ha estado lleno de experiencias emocionales fuertes.

employee　*empleado, trabajador*
This company has over a hundred employees.
Esta compañía tiene más de cien empleados.

employer　*patrón(a)*
My employer is a strict person but nice all the same.
Mi patrón es una persona estricta pero simpática de todas maneras.

empty   *vacío/-a*
The plane was almost empty.
El avión estaba casi vacío.

end   *fin, final*
Finally, we got to the end of the road.
Finalmente llegamos al final del camino.

engineer   *ingeniero/-a*
My cousin David is a civil engineer.
Mi primo David es ingeniero civil.

English   *inglés*
I'm trying to learn English.
Estoy tratando de aprender inglés.

enjoy, to   *disfrutar, gozar*
I really enjoyed the movie.
Disfruté mucho la película.

enough   *suficiente, bastante*
Don't forget to bring enough water.
No olvides traer suficiente agua.

enter, to   *entrar*
We can enter through here.
Podemos entrar por aquí.

entertain, to   *entretener, divertir, recibir invitados*
Entertain the children while I cook dinner.
Entretén a los niños mientras cocino la cena.

entertainment   *diversión, entretenimiento*
The city offers many entertainment options.
La ciudad ofrece muchas opciones de entretenimiento.

entrance   *entrada*
Where is the entrance to the movie theater?
¿Dónde está la entrada al cine?

envelope   *sobre*
The envelope is on the table.
El sobre está sobre la mesa.

equality   *igualdad*
Equality is a fundamental human right.
La igualdad es un derecho humano fundamental.

equipment   *equipo*
You need a lot of equipment to scuba dive.
Para bucear se necesita mucho equipo.

erase, to   *borrar*
I would like to erase bad memories.
Me gustaría borrar los malos recuerdos.

escape, to   *escapar(se)*
All the guests managed to escape from the fire.
Todos los huéspedes lograron escapar del incendio.

essential   *esencial*
Money isn't essential, but love is.
El dinero no es esencial, pero el amor sí lo es.

everyone   *todos (personas)*
Everyone wants to try all the dishes.
Todos quieren probar todos los platillos.

everything   *todo*
Everything she does is magic.
Todo lo que ella hace es magia.

evil   *malo/-a (moralmente)*
Being an evil person is bad.
Es malo ser una persona mala.

exactly   *exactamente*
I told him exactly what I was thinking.
Le dije exactamente lo que estaba pensando.

exam   *examen, prueba*
When was your last (medical) exam?
¿Cuando fue su último examen médico?

examine, to   *examinar*
The doctor can examine you tomorrow morning.
El doctor lo puede examinar mañana por la mañana.

example   *ejemplo*
This sentence serves as an example.
Esta oración sirve como ejemplo.

excellent   *excelente*
Dinner was truly excellent.
La cena estuvo verdaderamente excelente.

excess (baggage)   *exceso (de equipaje)*
I'm afraid you are carrying excess baggage.
Me temo que lleva exceso de equipaje.

exchange rate   *tipo de cambio*
What is the exchange rate today?
¿Cuál es el tipo de cambio hoy?

excited   *emocionado/-a*
He is very excited about going home.
Está muy emocionado por ir a casa.

exciting   *emocionante*
It will be a very exciting trip.
Será un viaje muy emocionante.

excursion   *excursión*
Tomorrow we will go on an all-day excursion.
Mañana iremos de excursión todo el día.

excuse, to   *disculpar, excusar*
Excuse me; do you know what time it is?
Disculpe, ¿sabe qué hora·es?

executive   *ejecutivo/-a*
Claudio is executive director of an export company.
Claudio es el director ejecutivo de una compañía de exportación.

exercise   *ejercicio*
Physical exercise is necessary for good health.
El ejercicio físico es necesario para la buena salud.

exhibition   *exposición*
There's a Frida Kahlo exhibition at the Museum of Modern Art.
Hay una exposición de Frida Kahlo en el Museo de Arte Moderno.

exist, to   *existir*
Ghosts don't exist, or do they?
No existen los fantasmas, ¿o sí?

exit   *salida*
The emergency exits are clearly marked.
Las salidas de emergencia están claramente señaladas.

exit, to   *salir*
In case of fire, don't run, and exit calmly.
En caso de incendio, no corran y salgan con calma.

expect, to   *esperar, anticipar*
When I come back, I expect to find everything as I left it.
Cuando regrese, espero encontrar todo como lo dejé.

expenses   *gastos*
Some expenses are more important than others.
Algunos gastos son más importantes que otros.

expensive   *caro/-a*
These shoes are too expensive.
Estos zapatos son demasiado caros.

experience   *experiencia*
I don't have much experience but I will try anyway.
No tengo mucha experiencia pero lo intentaré de todos modos.

expired   *caduco/-a*
This medicine is expired.
Esta medicina está caduca.

explain, to   *explicar*
Can you explain it to me again?
¿Me lo puede explicar usted otra vez?

explanation   *explicación*
The explanations they gave us aren't clear.
Las explicaciones que nos dieron no están claras.

explode, to   *explotar, estallar*
The fireworks exploded with a big bang.
Los fuegos artificiales estallaron con un gran ruido.

exploit, to   *explotar (abuso)*
It's easy to exploit the poor and the ignorant.
Es fácil explotar a los pobres y a los ignorantes.

export   *exportación*
Exports are an important source of wealth for any country.
*Las exportaciones son una importante fuente de riqueza para cualquier
    país.*

express   *expreso/-a*
There's an express bus that leaves every two hours.
Hay un autobús expreso que sale cada dos horas.

extract, to   *extraer*
A lot of oil is extracted in the Gulf of Mexico.
Se extrae mucho petróleo en el Golfo de México.

eyeglasses   *anteojos, gafas*
I cannot see a thing without my eyeglasses.
No puedo ver nada sin mis anteojos.

eyesight   *vista (sentido)*
Old people generally have poor eyesight.
Los viejos generalmente tienen mala vista.

F

fact   *hecho*
The facts of the case are clear.
Los hechos del caso están claros.

factory   *fábrica*
Factories are usually in a city's outskirts.
Las fábricas suelen estar en las afueras de una ciudad.

fail, to   *fracasar*
If we try hard, we won't fail.
Si lo intentamos seriamente, no fracasaremos.

fair   *justo/feria*
This isn't fair!
¡Esto no es justo!

faith   *fe*
Faith moves mountains.
La fe mueve montañas.

fall   *caída*
Luckily it wasn't a serious fall.
Por suerte no fue una caída seria.

fall (down), to   *caer(se)*
He tripped and fell down.
Se tropezó y se cayó.

fall asleep, to   *dormirse*
My father always falls asleep at the movies.
Mi padre siempre se duerme en el cine.

fall in love (with), to   *enamorarse*
They fell in love at first sight.
Se enamoraron a primera vista.

familiar   *familiar, conocido/-a*
Your face seems familiar.
Tu cara me parece familiar.

famous   *famoso/-a*
Frida Kahlo is a very famous Mexican painter.
Frida Kahlo es una pintora mexicana muy famosa.

fan   *ventilador*
I'm hot; can you turn on the fan?
Tengo calor, ¿puedes encender el ventilador?

far (from)   *lejos (de)*
How far is Toledo from Madrid?
¿Qué tan lejos está Toledo de Madrid?

farm   *granja*
I would like to visit a dairy farm.
Me gustaría visitar una granja lechera.

farmer   *campesino, granjero*
Farmers are very important for the economy.
Los campesinos son muy importantes para la economía.

fascinating   *fascinante*
This book is fascinating.
Este libro es fascinante.

fashion   *moda*
Buenos Aires is one of the capitals of fashion.
Buenos Aires es una de las capitales de la moda.

fast   *rápido*
We can go to a fast food place.
Podemos ir a un lugar de comida rápida.

fat   *gordo/-a*
It's not healthy to be fat.
No es sano estar gordo.

faucet   *grifo*
The water from the faucet is not drinkable.
El agua del grifo no es potable.

favor   *favor*
I need to ask you to do me a favor.
Tengo que pedirte que me hagas un favor.

favorable   *favorable*
I hope the weather is favorable for the excursion.
Espero que el clima sea favorable para la excursión.

favorite   *favorito/-a*
What's your favorite movie?
¿Cuál es tu película favorita?

fear   *miedo*
You must never show fear.
Nunca debes mostrar miedo.

fear, to   *temer*
I fear nothing.
No le temo a nada.

feasible   *factible*
With the right gear, climbing the mountain is feasible.
Con el equipo adecuado, es factible escalar la montaña.

feather   *pluma (de ave)*
This pillow is filled with goose feathers.
Este cojín está relleno de plumas de ganso.

fee   *cuota*
You have to pay a fee to get in.
Tienes que pagar una cuota para entrar.

feed, to   *alimentar, dar de comer*
The world must find a way to feed everyone.
El mundo debe encontrar la manera de alimentar a todos.

feel, to   *sentir(se)*
I feel guilty for what I did.
Me siento culpable por lo que hice.

feel like, to   *tener ganas de*
I don't feel like going but I have to anyway.
No tengo ganas de ir pero tengo que hacerlo de todos modos.

feeling   *sentimiento*
Feelings can be more powerful than reason.
Los sentimientos pueden ser más poderosos que la razón.

fence   cerca, valla
The horse jumped the fence and galloped away.
El caballo saltó la cerca y se fue galopando.

few   *poco/-a(s)*
Few sources of employment exist.
Existen pocas fuentes de trabajo.

fiancé(e)   *prometido/-a*
Allow me to introduce Laura, my fiancée.
Permítanme presentarles a Laura, mi prometida.

field   *campo*
The field is planted with soy bean.
El campo está plantado de frijol de soya.

fight   *pelea*
I'm not looking for a fight.
No estoy buscando una pelea.

fight, to   *pelear*
Problems aren't solved by fighting.
Los problemas no se resuelven peleando.

file   *archivo/lima (de uñas)*
The files are stored on the hard drive of my computer.
Los archivos están guardados en el disco duro de mi computadora.

fill, to   *llenar*
It's better to fill out immigration forms on the plane.
Es mejor llenar las formas migratorias en el avión.

final(ly)   *final(mente), al fin*
We got lost, but we finally got here.
Nos perdimos, pero al fin llegamos.

find out, to   *averiguar*
I would like to find out at what time the museum opens.
Me gustaría averiguar a qué hora abre el museo.

find, to   *encontrar, hallar*
I need to find a way to make more money.
Necesito encontrar una manera de hacer más dinero.

fine   *multa*
If you don't want to get a fine, drive slowly.
Maneja despacio si no quieres recibir una multa.

finish, to   *terminar*
I need to finish my homework before going out.
Tengo que terminar mi tarea antes de salir.

fire   *fuego/incendio*
Fire burned down the forest.
El fuego consumió el bosque.

fire, to   *despedir*
The company fired half its workforce due to the crisis.
La compañía despidió a la mitad de sus empleados a causa de la crisis.

fireman   *bombero*
Call the firemen!
¡Llamen a los bomberos!

firewood   *leña*
I'm going to look for firewood to make a bonfire on the beach.
Voy a buscar leña para hacer una fogata en la playa.

first   *primer, primero/-a*
Today is the first day of our vacation.
Hoy es el primer día de nuestras vacaciones.

fish   *pescado*
Is the fish fresh?
¿Está fresco el pescado?

fish, to   *pescar*
It was fished this morning.
Lo pescaron esta mañana.

fit (in), to   *caber*
All those clothes won't fit in your suitcase.
Toda esa ropa no va a caber en tu maleta.

fix, to   *arreglar*
Who can fix our car for us?
¿Quién nos puede arreglar el auto?

fixed   *fijo/-a*
You can't bargain a fixed price.
No se puede regatear un precio fijo.

flag   *bandera*
What are the colors of this country's national flag?
¿Cuáles son los colores de la bandera nacional de este país?

flame   *llama*
Don't get too close to the flames.
No te acerques demasiado a las llamas.

flash   *flash*
Taking pictures with a flash is strictly forbidden.
Está estrictamente prohibido tomar fotos con flash.

flashlight   *linterna*
Lend me your flashlight so I don't get lost in the dark.
Préstame tu linterna para no perderme en la oscuridad.

flat   *plano/-a, llano/-a*
I want a home on a flat piece of land.
Quiero una casa en un terreno plano.

flavor   *sabor*
Chocolate is my favorite flavor.
El chocolate es mi sabor favorito.

flight   *vuelo*
At what time does the flight leave?
¿A qué hora sale el vuelo?

float, to   *flotar*
Boats float on the sea.
Los barcos flotan en el mar.

flood   *inundación*
Floods are common during the rainy season.
Las inundaciones son comunes en la temporada de lluvias.

floor   *piso*
How many floors does this building have?
¿Cuántos pisos tiene este edificio?

flower   *flor*
Roses are the flowers I like best.
Las rosas son las flores que más me gustan.

flower vase   *florero*
This antique flower vase is very valuable.
Este florero antiguo es muy valioso.

fly, to   *volar*
I often fly to Washington, D.C. for business.
Vuelo seguido a Washington, D.C. por negocios.

fog   *niebla*
You can't see a thing because of the fog.
No se puede ver nada por la niebla.

foggy   *brumoso/-a*
It's foggy now, but later the sun will come out.
Está brumoso ahora, pero más tarde saldrá el sol.

fold, to   *doblar*
Do you want me to help you fold the clothes?
¿Quieres que te ayude a doblar la ropa?

follow, to   *seguir*
Follow me.
Sígueme.

food supplies   *víveres*
We must take some food supplies for the excursion.
Debemos llevar algunos víveres para la excursión.

for   *por, para*
The present for my mom will be ready by tomorrow.
El regalo para mi mamá estará listo mañana.

forbid, to   *prohibir*
The doctor forbade me to smoke.
El doctor me prohibió fumar.

force   *fuerza*
We'll go in by force if necessary.
Entraremos por la fuerza si es necesario.

force, to   *obligar, forzar*
The circumstances forced him to do it.
Las circunstancias lo obligaron a hacerlo.

forecast, to   *pronosticar*
They forecast a splendid day for an excursion.
Han pronosticado un día espléndido para una excursión.

foreign(er)   *extranjero/-a*
Foreigners prefer to stay at centrally located hotels.
Los extranjeros prefieren hospedarse en hoteles céntricos.

forest   *bosque*
I got lost in the forest.
Me perdí en el bosque.

forgery   *falsificación*
That painting is a worthless forgery.
Esa pintura es una falsificación sin valor.

forget, to   *olvidar*
Don't forget the house key.
No olvides la llave de casa.

forgive, to   *perdonar*
It's easier to forgive than to forget.
Es más fácil perdonar que olvidar.

fork   *tenedor*
Can you bring me a clean fork?
¿Me puede traer un tenedor limpio?

form   *forma*
It is better to fill out the customs form on the plane.
Es mejor llenar la forma de aduana en el avión.

fortunately   *afortunadamente*
Fortunately, no one got hurt.
Afortunadamente, nadie se lastimó.

forward   *adelante*
Let's go forward!
¡Vamos adelante!

fountain   *fuente*
Why don't we meet by the fountain in the park?
¿Por qué no nos vemos cerca de la fuente en el parque?

fragile   *frágil*
Careful! This flower vase is very fragile.
¡Cuidado! Este florero es muy frágil.

free   *gratis, gratuito/-a, libre*
The best things in life are free.
Las mejores cosas en la vida son gratis.

free, to   *liberar*
Truth frees man.
La verdad libera al hombre.

freeze, to   *helar*
We need more blankets so we don't freeze like last night.
Necesitamos más cobijas para no helarnos como anoche.

frequent(ly)   *frecuente(mente)*
You can frequently find bargains at the market.
Puedes encontrar gangas en el mercado frecuentemente.

fresh   *fresco/-a*
It's hard to find fresh fruit in winter here.
Es difícil encontrar fruta fresca en el invierno aquí.

friend   *amigo/-a*
Mary is a good friend of mine.
Mary es una buena amiga mía.

friendly   *amistoso/-a*
The people in this town are very friendly.
La gente en este pueblo es muy amistosa.

friendship   *amistad*
Friendship is truly a great thing.
La amistad es verdaderamente una gran cosa.

frighten, to   *asustar, espantar*
Your threats don't frighten me.
Tus amenazas no me asustan.

frightful   *espantoso/-a*
The movie was frightful.
La película estuvo espantosa.

from   *de*
Where are you from?
¿De dónde eres?

front   *frente*
The front of this house is in bad shape.
El frente de esta casa está en mal estado.

frozen   *congelado/-a*
Is the fish fresh or frozen?
¿El pescado es fresco o congelado?

fry, to   *freír*
My sister doesn't even know how to fry an egg.
Mi hermana no sabe ni cómo freír un huevo.

frying pan   *sartén*
We need two sauce pans and a frying pan.
Necesitamos dos cacerolas y un sartén.

full   *lleno/-a*
The flight is already full.
El vuelo ya está lleno.

function, to   *funcionar*
This radio only functions with batteries.
Este radio sólo funciona con baterías.

funny   *chistoso/-a, cómico/-a*
You are very funny.
Eres muy chistoso.

furnish, to   *amueblar, proveer*
This book will furnish you with many useful words.
Este libro te proveerá de muchas palabras útiles.

furniture   *muebles*
We need furniture for the apartment.
Necesitamos muebles para el apartamento.

future   *futuro*
What are your plans for the future?
¿Qué planes tienes para el futuro?

G

gain, to   *conseguir, obtener, ganar*
We finally gained entrance to the museum.
Finalmente conseguimos entrar al museo.

game   *juego*
Traditional games are disappearing because of video games.
Los juegos tradicionales están desapareciendo por los videojuegos.

garage   *taller mecánico*
Is there a garage near here?
¿Hay un taller mecánico cerca de aquí?

garbage   *basura*
Garbage is a big problem in big cities.
La basura es un gran problema en las ciudades grandes.

garden   *jardín*
Would you like to visit the botanical garden?
¿Te gustaría visitar el jardín botánico?

gardener   *jardinero*
The gardeners take excellent care of the gardens.
Los jardineros cuidan muy bien de los jardines.

gardening   *jardinería*
I'm not interested in gardening.
No me interesa la jardinería.

garment   *prenda*
These garments are pretty but expensive.
Estas prendas son bonitas pero caras.

gas station   *gasolinera*
We need to find a gas station soon.
Necesitamos encontrar una gasolinera pronto.

gas(-oline)   *gasolina*
The car ran out of gas.
Se le acabó la gasolina al coche.

general(ly)   *general(mente)*
Generally, people eat at noon in the U.S.
Generalmente, se come a medio día en los EE.UU.

generous   *generoso/-a*
Sometimes the poor are more generous than the rich.
A veces los pobres son más generosos que los ricos.

gentleman   *caballero*
Ernest is a true gentleman.
Ernest es un verdadero caballero.

get, to   *adquirir, obtener*
You have to work hard to get what you want.
Tienes que trabajar duro para obtener lo que quieres.

get angry, to   *enojarse*
My brother gets angry easily.
Mi hermano se enoja fácilmente.

get better, to   *mejorarse*
Things are getting better.
Las cosas están mejorando.

get bored, to   *aburrirse*
Often, I get bored on Sundays.
A menudo me aburro los domingos.

get divorced, to　　*divorciarse*
They got divorced a year ago.
Hace un año que se divorciaron.

get drunk, to　　*emborracharse*
They drank so much that they got drunk.
Bebieron tanto que se emborracharon.

get engaged, to　　*comprometerse*
We got engaged to get married in June.
Nos comprometimos para casarnos en junio.

get in, to　　*meterse*
Try not to get in trouble.
Trata de no meterte en problemas.

get lost, to　　*perderse*
It's easy to get lost in this city.
Es fácil perderse en esta ciudad.

get married, to　　*casarse*
They got married last year.
Se casaron el año pasado.

get ready, to　　*preparar(se), alistar(se)*
The best thing to do is to get ready for anything.
Lo mejor es prepararse para todo.

get scared, to　　*asustarse, espantarse*
I got scared when she told me the price of the dress.
Me asusté cuando me dijo el precio del vestido.

get (un)dressed, to　　*(des)vestirse*
Get dressed and let's go.
Vístete y vámonos.

get up, to　　*levantarse*
I get up at six every morning.
Me levanto a las seis todas las mañanas.

ghost　　*fantasma*
They say that there is a ghost in this old house.
Dicen que en esta vieja casa hay un fantasma.

gift　　*regalo*
I want to buy a gift for my mother.
Quiero comprar un regalo para mi madre.

girl   *muchacha, chica, niña*
That girl's name is Martha.
Esa muchacha se llama Martha.

give, to   *dar*
Sylvia gave Susana a birthday present.
Sylvia le dio un regalo de cumpleaños a Susana.

give back, to   *devolver*
We will give you back your money.
Le vamos a devolver su dinero.

glass   *vaso, vidrio*
Do you want a glass of water?
¿Quieres un vaso de agua?

glow, to   *brillar*
My watch glows in the dark.
Mi reloj brilla en la oscuridad.

glue, to   *pegar, unir*
The vase will look as good as new once I glue the pieces.
El jarrón se verá como nuevo cuando pegue los pedazos.

go, to   *irse*
It's time to go to the party; let's go.
Es hora de ir a la fiesta; vámonos.

go down, to   *bajar, descender*
Come down to eat dinner!
¡Bajen a cenar!

go out, to   *salir/apagarse*
Do you want to go out with me?
¿Quieres salir conmigo?

go to bed, to   *acostar*
It's good to go to bed early.
Es bueno acostarse temprano.

go up, to   *subir*
The cost of living keeps going up.
El costo de vida sigue subiendo.

god   *dios*
Not everybody believes in the same god.
No todo mundo cree en el mismo dios.

gold   *oro*
Not all that glitters is gold.
No todo lo que brilla es oro.

good (time)   *bueno/-a, buen (rato)*
I had some good times in Miami, Florida.
Pasé algunos buenos ratos en Miami, Florida.

goodbye   *adiós*
It's sad to have to say goodbye.
Es triste tener que decir adiós.

goodness   *bondad*
Goodness is better than intelligence.
La bondad es mejor que la inteligencia.

goods   *bienes*
You must take care of your goods.
Debes cuidar tus bienes.

gossip   *chismes*
Gossip can ruin a person's reputation.
Los chismes pueden arruinar la reputación de una persona.

government   *gobierno*
Democracy is the best form of government.
La democracia es la mejor forma de gobierno.

grab, to   *coger, tomar*
Grab an umbrella in case it rains.
Coge un paraguas por si llueve.

graceful   *gracioso/-a*
One needs to be graceful to dance.
Se necesita ser gracioso para bailar.

graduate, to   *graduarse*
Esther is graduating in the spring.
Esther se gradúa en la primavera.

grain   *grano*
Corn grains have a high yield.
Los granos de maíz tienen un alto rendimiento.

grammar   *gramática*
English grammar is not very regular.
La gramática del inglés no es muy regular.

grass   *hierba, pasto*
Did you know that bamboo is actually a kind of grass?
¿Sabías que el bambú es en realidad un tipo de hierba?

grateful   *agradecido/-a*
I am very grateful for your help.
Estoy muy agradecido por su ayuda.

grave   *tumba*
Many people visit the grave of the unknown soldier.
Mucha gente visita la tumba del soldado desconocido.

graveyard   *cementerio*
This graveyard is very old.
Este cementerio es muy antiguo.

grease, fat   *grasa*
Eating too much grease is not healthy.
Comer demasiada grasa no es saludable.

greedy   *codicioso/-a*
Don't be greedy.
No seas codicioso.

greet, to   *saludar, dar la bienvenida*
My friends greeted me at the airport.
Mis amigos me dieron la bienvenida en el aeropuerto.

groom/bride, boy/girlfriend   *novio/-a*
The bride and the groom are going to be married.
La novia y el novio se van a casar.

ground   *piso, suelo, tierra*
The cup fell to the ground and broke in a thousand pieces.
La taza cayó al suelo y se rompió en mil pedazos.

ground floor   *planta baja*
Let's begin the visit on the ground floor.
Empecemos la visita por la planta baja.

group   *grupo*
There are ten people in our group.
Hay diez personas en nuestro grupo.

grow, to   *crecer*
The economic deficit has grown a lot over the last few years.
El déficit económico ha crecido mucho en los últimos años.

guarantee   *garantía*
All the electronics I bought have a guarantee.
Todos los aparatos electrónicos que compré tienen garantía.

guard   *guardia*
There is always a guard inside the bank.
Siempre hay un guardia dentro del banco.

guard, to   *cuidar*
Guard your documents and don't lose them.
Cuida tus documentos y no los pierdas.

guess, to   *adivinar*
If you want me to give it to you, guess what it is.
Si quieres que te lo dé, adivina lo que es.

guest   *huésped, invitado/-a*
You are our honored guest.
Usted es nuestro huésped de honor.

guide (book)   *guía (telefónica)*
It's easier to travel with an updated guidebook.
Es más fácil viajar con una guía actualizada.

guide, to   *guiar*
Can someone guide us through the museum?
¿Alguien nos puede guiar por el museo?

guilt   *culpa*
Guilt is a punishment in itself.
La culpa es un castigo en sí.

guilty   *culpable*
I am guilty.
Soy culpable.

guitar   *guitarra*
Can you play the guitar?
¿Sabes tocar la guitarra?

H

hail   *granizo*
Hail damaged the roof of the house.
El granizo dañó el techo de la casa.

half   *mitad, medio/-a*
If you want, I can pay half the bill.
Si quieres, puedo pagar la mitad de la cuenta.

hallucinate, to   *alucinar*
You must be hallucinating.
Debes estar alucinando.

hammer   *martillo*
They sell hammers and nails at the hardware store.
Venden martillos y clavos en la ferretería.

hammock   *hamaca*
A hammock is the best thing for a nap.
Una hamaca es lo mejor para una siesta.

handicapped   *minusválido/-a*
Is this hotel accessible for the handicapped?
¿Es accesible para los minusválidos este hotel?

handkerchief   *pañuelo*
Disposable handkerchiefs are more practical.
Los pañuelos desechables son más prácticos.

handsome   *guapo/-a*
Martin is a very handsome man.
Martin es un hombre muy guapo.

hang, to   *colgar*
You may hang your clothes in the closet.
Puedes colgar tu ropa en el guardarropa.

hangover   *cruda, resaca*
I have a terrible hangover.
Tengo una terrible cruda.

happen, to   *pasar*
What happened last night?
¿Qué pasó anoche?

happiness   *felicidad*
We are all in search of happiness.
Todos estamos en busca de la felicidad.

happy   *feliz, contento/-a*
I am happy to be here with you.
Estoy feliz de estar aquí contigo.

hard   *duro/-a*
This piece of bread is very hard.
Este pedazo de pan está muy duro.

hard laugh   *carcajada*
It's healthy to laugh a hard laugh once in a while.
Es saludable reír a carcajadas de vez en cuando.

harm   *daño*
The last hurricane caused great harm.
El último huracán causó mucho daño.

harm, to   *dañar*
We mustn't harm the environment anymore.
No debemos dañar más el medio ambiente.

harmful   *dañino/-a*
Smoking can be harmful to one's health.
Fumar puede ser dañino a la salud.

hate, to   *odiar*
He hates his job.
Odia su trabajo.

have (to), to   *tener (que)*
I have to get out of here!
¡Tengo que salir de aquí!

have fun, to   *divertir(se)*
We had a lot of fun last night.
Nos divertimos mucho anoche.

have lunch, to   *comer (a medio día), almorzar*
I would like to have lunch now, please.
Quiero comer ahora, por favor.

head towards, to   *dirigirse hacia*
We headed towards the market to buy handcrafts.
Nos dirigimos hacia el mercado para comprar artesanías.

hear, to   *oír*
Do you hear that music?
¿Oyes esa música?

hearing   *oído*
Roberto has poor hearing.
Roberto tiene mal oído.

heat   *calor*
This heat is killing me.
Este calor me está matando.

heater   *calentador*
The water heater is electric.
El calentador de agua es eléctrico.

heavy   *pesado/-a*
The package is very heavy.
El paquete está muy pesado.

height   *altura*
Heights scare me.
Las alturas me dan miedo.

hello   *hola*
Say hello to your brother on my behalf.
Dile hola a tu hermano de mi parte.

helmet   *casco*
You must wear a helmet in case there is an accident.
Debes usar un casco en caso de que haya un accidente.

help   *ayuda*
I need your help.
Necesito tu ayuda.

help, to   *ayudar*
Please help me.
Por favor ayúdame.

here/over here   *aquí/acá*
Come over here right now!
¡Ven acá ahora mismo!

hero   *héroe*
Anyone can be a hero in the right circumstances.
Cualquiera puede ser un héroe en las circunstancias correctas.

hide, to   *esconder(se)*
Pirates hid great treasures in the Caribbean.
Los piratas escondieron grandes tesoros en el Caribe.

high   *alto/-a, elevado/-a*
Don't be afraid to aim high and dream big.
No tengas miedo de apuntar alto y soñar en grande.

high quality   *fino/-a*
This handmade lace is very high quality.
Este encaje hecho a mano es muy fino.

highway   *autopista, carretera*
I like roads more than highways.
Me gustan más los caminos que las autopistas.

hill   *colina*
The castle is on top of the hill.
El castillo está sobre la colina.

historic   *histórico/-a*
The signing of the constitution was an important historic event.
La firma de la constitución fue un evento histórico importante.

history   *historia*
It's important to know your country's history.
Es importante conocer la historia de tu país.

hit, to   *pegar, golpear*
Sometimes life hits hard.
A veces la vida golpea muy fuerte.

HIV positive   *seropositivo/-a*
Today there are more medical options for people who are HIV
  positive.
*En la actualidad hay más opciones médicas para las personas
  seropositivas.*

hold, to   *detener, sostener*
Hold on tight!
¡Sostente fuerte!

holiday   *día feriado, vacación*
When is the next holiday?
¿Cuándo es el próximo día feriado?

holy   *sagrado, santo*
A church is a holy place.
Una iglesia es un lugar sagrado.

home   *hogar*
It's nice to return home after a long trip.
Es agradable regresar al hogar después de un viaje largo.

homosexual   *homosexual*
Marriage between homosexuals is legal in some countries.
El matrimonio entre homosexuales es legal en algunos países.

honest   *honrado/-a, honesto*
Politicians should be honest.
Los políticos deberían ser honrados.

honesty   *honradez, honestidad*
In politics honesty is important.
La honradez es importante en la política.

honor   *honor*
In older times, matters of honor were resolved with blood.
Antiguamente, las cuestiones de honor se resolvían con sangre.

hook   *gancho, garfio*
Peter Pan will always defeat Captain Hook.
Peter Pan siempre vencerá al capitán Garfio.

hope   *esperanza*
Hope should never be lost.
Nunca se debe de perder la esperanza.

hope, to   *esperar (tener esperanza)*
I hope you feel better soon.
Espero que te sientas mejor pronto.

horoscope   *horóscopo*
I don't believe in horoscopes, but I like to read them.
No creo en los horóscopos, pero me gusta leerlos.

host   *anfitrión(a)*
Thank you for being an excellent host.
Gracias por ser un excelente anfitrión.

hostage   *rehén*
After lengthy negotiations the hostages were released.
Tras largas negociaciones los rehenes fueron liberados.

hot   *caliente*
I don't like the soup to be too hot.
No me gusta que la sopa esté demasiado caliente.

house   *casa*
Helen works in a publishing house and has a country house.
Helen trabaja en una casa editorial y tiene una casa de campo.

hug, to   *abrazar*
I'm so happy that I could hug someone.
Estoy tan contento que podría abrazar a alguien.

huge   *enorme*
Your house is huge.
Tu casa es enorme.

humid   *húmedo/-a*
I don't like humid places.
No me gustan los lugares húmedos.

humidity   *humedad*
Heat and humidity together are exhausting.
El calor y la humedad juntos son agotadores.

hunger   *hambre*
What could satisfy your hunger?
¿Qué podría satisfacer tu hambre?

hunting   *caza*
Hunting is still a popular sport in the U.S.
La caza todavía es un deporte popular en EE.UU.

hurricane   *huracán*
Hurricanes are frequent in the Caribbean.
Los huracanes son muy frecuentes en el Caribe.

hurry   *prisa*
I'm in a hurry to get to the airport.
Tengo prisa por llegar al aeropuerto.

hurry, to   *apresurar(se)*
Hurry up; we are running late.
Apresúrate; estamos retrasados.

hygienic   *higiénico/-a*
This place doesn't seem very hygienic.
Este lugar no parece muy higiénico.

I

ice   *hielo*
A glass of water without ice, please.
Un vaso de agua sin hielo, por favor.

ice-cream parlor *heladería*
I know an ice-cream parlor where they make the world's best ice cream.
Conozco una heladería donde hacen el mejor helado del mundo.

ID *identificación*
You need ID to get into the nightclub.
Necesitas identificación para poder entrar al club nocturno.

idea *idea*
I just had a great idea.
Se me acaba de ocurrir una idea genial.

idiot *idiota*
Do you take me for an idiot?
¿Me tomas por un idiota?

if *si*
If it rains we can't go on the excursion.
Si llueve no podremos ir de excursión.

illegal *ilegal*
It's illegal and risky to import seeds without a permit.
Es ilegal y riesgoso importar semillas sin permiso.

imagine, to *imaginar*
Imagine the consequences.
Imagínate las consecuencias.

immediately *inmediatamente*
If we want to be on time we must leave immediately.
Si queremos llegar a tiempo debemos salir inmediatamente.

immigrant *inmigrante*
Immigrants are looking to improve their quality of life.
Los inmigrantes están buscando mejorar su calidad de vida.

immigration *inmigración*
Illegal immigration is in part the result of poverty.
La inmigración ilegal es en parte el resultado de la pobreza.

impatient *impaciente*
Don't be impatient!
¡No seas impaciente!

impolite   *descortés, mal educado*
One shouldn't be impolite.
Uno no debería ser descortés.

important   *importante*
It's important to pay attention to traffic signs.
Es importante hacer caso de las señales de tráfico.

imported   *importado/-a*
Today, most clothes are imported from China.
Hoy en día, la mayoría de la ropa es importada de China.

impossible   *imposible*
I'm afraid that what you're asking me to do is impossible.
Me temo que es imposible hacer lo que me pides.

improve, to   *mejorar*
I hope that your situation improves soon.
Espero que pronto mejore tu situación.

in   *en, dentro*
I don't want to go in the house.
No quiero entrar en la casa.

in cash   *al contado*
I prefer to pay in cash.
Prefiero pagar al contado.

in front of   *enfrente, delante (de)*
The bank is in front of the post office.
El banco está enfrente de la oficina de correos.

inaccuracy   *inexactitud*
Inaccuracy in the schedule may cause confusion and delay.
La inexactitud en el horario puede causar confusión y retraso.

include, to   *incluir*
Don't forget to include aspirin in your first-aid kit.
No olvides incluir aspirinas en tu botiquín de primeros auxilios.

included   *incluido/-a*
Taxes are already included in the room price.
Los impuestos ya están incluidos en el precio de la habitación.

income   *ingresos*
The company expects to receive more income this year.
La compañía espera recibir mayores ingresos este año.

increase, to   *aumentar*
The (currency) exchange rate has increased recently.
El precio del dólar ha aumentado recientemente.

indeed   *en efecto, efectivamente*
Indeed, these ruins are very ancient.
Efectivamente, estas ruinas son muy antiguas.

industry   *industria*
The coal industry is very important in West Virginia.
La industria del carbón es muy importante en West Virginia.

infant   *infante*
Infants may travel on an adult's lap.
Los infantes pueden viajar en el regazo de un adulto.

influence   *influencia*
Money has a lot of influence in politics.
El dinero tiene mucha influencia en la política.

inform, to   *informar*
They just informed us that the flight is cancelled.
Nos acaban de informar que el vuelo está cancelado.

information   *información*
We need more information before making a decision.
Necesitamos más información antes de tomar una decisión.

information technology   *informática*
Kevin knows a lot about information technology.
Kevin sabe mucho de informática.

ingredients   *ingredientes*
We have all the ingredients that the recipe calls for.
Tenemos todos los ingredientes que indica la receta.

ink   *tinta*
The printer ran out of ink.
Se le acabó la tinta a la impresora.

innocent   *inocente*
I swear I'm innocent.
Juro que soy inocente.

inside   *adentro, dentro (de)*
Everyone is inside because it's cold outside.
Todos están adentro porque hace frío afuera.

inspector   *inspector(a)*
The police inspector is looking for clues.
El inspector de policía está buscando pistas.

instead of   *en vez de*
I will buy this shirt instead of that one.
Compraré esta camisa en vez de aquélla.

insult   *insulto*
These prices are an insult and I refuse to pay them.
Estos precios son un insulto y me rehúso a pagarlos.

insurance   *seguro*
Do you have medical insurance?
¿Tienes un seguro médico?

insure, to   *asegurar*
Is this car insured?
¿Está asegurado este coche?

intelligent   *inteligente*
An intelligent person knows when to change course.
Una persona inteligente sabe cuando cambiar de rumbo.

interest   *interés*
I have little interest in visiting museums.
Tengo poco interés en visitar museos.

interesting   *interesante*
Right now there are really interesting exhibitions.
Ahora mismo hay exposiciones realmente interesantes.

Internet café   *cibercafé*
Do you know where I can find an Internet café?
¿Sabes dónde puedo encontrar un cibercafé?

interpreter   *intérprete*
With this book, we don't need an interpreter.
Con este libro, no necesitamos un intérprete.

interview   *entrevista*
I don't want to be late for my interview.
No quiero llegar tarde a mi entrevista.

introduce, to   *presentar*
Allow me to introduce you to my boss.
Permítame que le presente a mi jefe.

invite, to   *invitar*
Do you want to invite anyone else?
¿Quieres invitar a alguien más?

invoice   *factura*
Who should I send the invoice to?
¿A quién debo enviarle la factura?

iron   *plancha (de ropa), hierro*
Do you have an iron I can borrow?
¿Tienes una plancha que prestarme?

iron, to   *planchar*
I need to iron this shirt for my interview.
Necesito planchar esta camisa para mi entrevista.

island   *isla*
Some islands in the Caribbean were pirate hideouts.
Algunas islas del Caribe eran guaridas de piratas.

itinerary   *itinerario*
The travel agency prepared a good itinerary for me.
La agencia de viajes me preparó un buen itinerario.

J

jail   *cárcel*
This hotel used to be the city's jail.
Este hotel solía ser la cárcel de la ciudad.

janitor   *conserje*
Do you know where the janitor is?
¿Sabe dónde está el conserje?

jar   *frasco*
I need jars to store the marmalade.
Necesito frascos para poner la mermelada.

jealous   *celoso/-a*
My husband is very jealous.
Mi esposo es muy celoso.

jealousy   *celos*
Jealousy can cause great damage to a relationship.
Los celos pueden causar gran daño a una relación.

jewel   *joya*
The treasure chest was full of gold and jewels.
El cofre del tesoro estaba lleno de oro y joyas.

job   *trabajo, empleo*
My job is dangerous.
Mi trabajo es peligroso.

join, to   *unir(se)*
I would like to join your group.
Me gustaría unirme a su grupo.

joke   *chiste, broma*
Tell us a good joke.
Cuéntanos un buen chiste.

joy   *dicha, felicidad*
When he heard the good news, he jumped for joy.
Cuando oyó la buena noticia, saltó de la dicha.

judge   *juez*
A judge has to be fair and objective.
Un juez tiene que ser justo y objetivo.

jug   *jarro*
Wine was served in ceramic jugs in the old days.
Antiguamente se servía el vino en jarros de barro.

jump   *salto*
The high jump is an Olympic event.
El salto de altura es un evento olímpico.

jump, to   *saltar, brincar*
I jump rope for exercise.
Salto la cuerda para ejercitarme.

jungle   *selva*
To get to these ruins we'll have to go through the jungle.
Para llegar a estas ruinas tendremos que atravesar la selva.

K

keep, to   *guardar, mantener, conservar*
You should keep the money in a safety box.
Deberías guardar el dinero en una caja de seguridad.

key   *llave*
I'll give you a copy of the house key.
Te daré una copia de la llave de la casa.

keyboard   *teclado*
Pianos and computers have a keyboard.
Los pianos y las computadoras tienen un teclado.

kick, to   *patear*
The goalkeeper kicked the ball to the other side of the field.
El portero pateó la pelota al otro lado de la cancha.

kid   *chico/-a, niño/-a*
The kid in the house next door has a small car.
El chico de la casa del lado tiene un coche chico.

kill, to   *matar*
The bullfighter kills the bull at the end of the bullfight.
El torero mata al toro al final de la corrida.

kilometer   *kilómetro*
A mile is approximately equivalent to three kilometers.
Una milla equivale aproximadamente a tres kilómetros.

kind   *amable*
Michael is a very kind person.
Michael es una persona muy amable.

kindness   *amabilidad*
Kindness is a virtue.
La amabilidad es una virtud.

king   *rey*
The king sits on a throne.
El rey se sienta en un trono.

kiss   *beso*
In many countries people greet each other with a kiss.
En muchos países la gente se saluda con un beso.

kiss, to   *besar*
Kiss me!
¡Bésame!

kitchen   *cocina*
Do you mind if we eat in the kitchen?
¿Te importa si comemos en la cocina?

knife   *cuchillo*
The cook needs several knives.
El cocinero necesita varios cuchillos.

know, to   *saber, conocer*
I don't know New York but I know I want to go.
No conozco Nueva York pero sé que quiero ir.

knowledge   *conocimiento*
I don't have a lot of knowledge about local history.
No tengo mucho conocimiento de historia local.

L

lack, to   *faltar*
We lack the energy to get to the summit.
Nos falta energía para llegar a la cima.

lack/mistake   *falta*
I have made an unforgivable mistake.
He cometido una falta imperdonable.

ladder, staircase   *escalera*
In case of emergency use the stairs.
En caso de emergencia use las escalaras.

ladle   *cucharón*
Soup is served with a ladle.
La sopa se sirve con un cucharón.

lady   *dama*
Welcome, ladies and gentlemen!
¡Bienvenidos, damas y caballeros!

lake   *lago*
It's forbidden to fish in the lake.
Está prohibido pescar en el lago.

lamp   *lámpara*
The lamp needs a new light bulb.
La lámpara necesita una bombilla nueva.

landscape   *paisaje*
What a beautiful landscape!
¡Qué paisaje tan lindo!

language   *idioma, lenguaje*
I really like learning new languages.
Me encanta aprender nuevos idiomas.

laptop   *computadora portátil*
I can't travel without my laptop.
No puedo viajar sin mi computadora portátil.

large   *grande*
His neighbor has a large house but a small garden.
Su vecino tiene una casa grande pero un jardín pequeño.

last   *último/-a*
The last time I saw you was ten years ago.
La última vez que te vi fue hace diez años.

last name   *apellido*
My last name is Bond.
Mi apellido es Bond.

last, to   *durar*
This candle is very short and won't last long.
Esta vela es muy pequeña y no va a durar mucho.

later   *más tarde*
See you later.
Nos vemos más tarde.

laugh, to   *reír(se)*
The best medicine is to laugh.
La mejor medicina es reírse.

laughter   *risa*
Laughter is healthy for the soul.
La risa es sana para el alma.

law   *ley*
Laws must be obeyed.
Las leyes deben ser obedecidas.

lawyer   *abogado/-a*
I am going to call a lawyer.
Voy a llamar a un abogado.

lazy   *perezoso/-a*
I'm not lazy but today I'm tired.
No soy perezoso pero hoy estoy cansado.

leader   *líder*
Who will be the team leader?
¿Quién será el líder del equipo?

leaf   *hoja (vegetal)*
In the tropics, trees never lose their leaves.
En el trópico los árboles nunca pierden las hojas.

league   *liga (deportiva)*
Many Dominicans play baseball in the major leagues.
Muchos dominicanos juegan beisbol en las ligas mayores.

lean on, to   *apoyarse*
You can lean on me.
Puedes apoyarte en mí.

learn (by heart), to   *aprender (de memoria)*
I want to learn to dance hip-hop.
Quiero aprender a bailar hip-hop.

lease   *contrato de arrendamiento*
I need to sign the apartment's lease.
Tengo que firmar el contrato de arrendamiento del apartamento.

lease, to   *alquilar, arrendar, rentar*
Are you going to lease an apartment?
¿Vas a rentar un departamento?

leather   *cuero*
I want to buy a leather belt.
Quiero comprar un cinturón de cuero.

leave, to   *dejar, irse*
Can I leave this here?
¿Puedo dejar esto aquí?

left   *izquierda*
If you look to the left you will see the famous Statue of Liberty.
Si miran a la izquierda verán la famosa Estatua de la Libertad.

left-handed   *zurdo/-a*
Tristan is left-handed.
Tristan es zurdo.

legal(ly)   *legal(mente)*
You can't work legally without a work visa.
No se puede trabajar legalmente sin una visa de trabajo.

lend, to   *prestar*
Can you lend me some money?
¿Me puedes prestar dinero?

lenses   *lentes*
The lenses in these eyeglasses are very thick.
Los lentes de estos anteojos son muy gruesos.

Lent   *Cuaresma*
Lent comes after the carnival.
La Cuaresma viene después del carnaval.

lesbian   *lesbiana*
One of my friends is a lesbian.
Una de mis amigas es lesbiana.

less (than)   *menos (de, que)*
I want to spend less than a hundred dollars in gifts.
Quiero gastar menos de cien dólares en regalos.

lesson   *lección*
Failure teaches a valuable lesson.
El fracaso enseña una valiosa lección.

letter   *letra, carta postal*
The first letters of the alphabet are a, b, and c.
Las primeras letras del alfabeto son a, b, y c.

level   *nivel*
If the water level keeps rising there will be floods.
Si el nivel del agua sigue subiendo habrá inundaciones.

liar   *mentiroso/-a*
One shouldn't be a liar.
No se debe ser mentiroso.

library   *biblioteca*
I visit the library every day.
Visito la biblioteca todos los días.

license   *licencia*
My driver's license expired a month ago.
Mi licencia de conducir caducó hace un mes.

lick, to   *lamer*
Thanks to e-mail we no longer have to lick postage stamps.
Gracias al correo electrónico ya no tenemos que lamer las estampillas.

lid   *tapa*
I can't find the shampoo bottle's lid.
No encuentro la tapa de la botella champú.

lie   *mentira*
There are no small lies.
No hay mentiras pequeñas.

lie, to   *mentir*
Don't lie to me!
¡No me mientas!

life   *vida*
Everybody wants a good life.
Todo el mundo quiere una buena vida.

lifeguard   *salvavidas*
It's safer to swim when there's a lifeguard.
Es más seguro nadar cuando hay un salvavidas.

lift, to   *levantar*
Getting up early and lifting weights lifts the spirit.
Levantarse temprano y levantar pesas levanta el ánimo.

light   *luz*
The morning light is the best for taking pictures.
La luz de la mañana es la mejor para tomar fotos.

light bulb   *foco, bombilla (eléctrica)*
Edison invented the light bulb.
Edison inventó la bombilla eléctrica.

light (weight)   *(peso) ligero/-a*
In the summer one wears light clothing.
En el verano se usa ropa ligera.

light, to   *prender, encender*
Light the light so we can see.
Enciende la luz para que podamos ver.

lighter   *encendedor, mechero*
Do you have a lighter?
¿Tienes un encendedor?

lightly   *ligeramente*
I prefer my soup lightly salted.
Prefiero mi sopa ligeramente salada.

like   *como, parecido*
I love him like a brother.
Lo quiero como a un hermano.

like, to   *gustar*
I like the fall better than the spring.
Me gusta más el otoño que la primavera.

likewise   *igualmente, de igual manera*
Pleased to meet you. — Likewise.
Encantado de conocerlo. — Igualmente.

limit   *límite*
What's the speed limit on this road?
¿Cuál es el límite de velocidad en esta carretera?

line   *línea, cola, fila*
I tried to call you but the telephone line was busy.
Traté de llamarte pero la línea telefónica estaba ocupada.

lipstick   *lápiz labial*
There's a spot of lipstick on this glass!
¡Hay una mancha de lápiz labial en este vaso!

list   *lista*
The guest list is very long.
La lista de invitados es muy larga.

listen, to   *escuchar*
Listening to classical music is one of my favorite pastimes.
Escuchar música clásica es uno de mis pasatiempos favoritos.

literature   *literatura*
What kinds of literature do you like reading?
¿Qué tipo de literatura te gusta leer?

little   *pequeño/-a, poco*
Jane liked playing with dolls when she was little.
A Jane le gustaba jugar con muñecas cuando era pequeña.

live, to   *vivir*
Does anybody live here?
¿Vive alguien aquí?

living room   *sala, salón*
The living room is next to the dining room.
La sala está junto al comedor.

loan   *préstamo*
The interests on the loan are too high.
Los intereses del préstamo son demasiado altos.

lobby   *vestíbulo*
I will wait for you in the hotel lobby.
Te esperaré en el vestíbulo del hotel.

locate, to   *localizar*
I'm trying to locate a good hotel.
Estoy tratando de localizar un buen hotel.

lock   *cerradura*
I don't have a key for this lock.
No tengo una llave para esta cerradura.

lock, to   *cerrar con llave*
Did you remember to lock the back door?
¿Te acordaste de cerrar con llave la puerta trasera?

lodge (at a hotel), to   *alojar(se)*
We will lodge here tonight.
Nos alojaremos aquí esta noche.

lodging   *alojamiento*
I am looking for lodging for my vacation.
Estoy buscando alojamiento para mis vacaciones.

long   *largo/-a*
You need a longer rope to climb the mountain.
Necesitas una cuerda más larga para escalar la montaña.

look (at), to   *mirar*
Watching the sea is very relaxing.
Es muy relajante mirar el mar.

look for, to   *buscar*
I am looking for a cheap restaurant.
Estoy buscando un restaurante barato.

look like, to   *parecer(se)*
It looks like it's going to rain.
Parece que va a llover.

lookout   *mirador, vigía*
From the lookout the view of the valley is spectacular.
Desde el mirador la vista del valle es espectacular.

lose, to   *perder*
You have nothing left to lose.
Ya no tienes nada que perder.

loss   *pérdida*
We can't remedy the loss of his luggage.
No podemos remediar la pérdida de su equipaje.

lost   *perdido/-a, extraviado/-a*
I found a map to a lost treasure.
Encontré el mapa de un tesoro perdido.

lotion   *loción*
Use a good lotion to keep your skin smooth.
Usa una buena loción para conservar tu piel tersa.

loud   *fuerte, alto (sonido)*
I can't sleep because the music is too loud.
No puedo dormir porque la música está muy fuerte.

love   *amor*
True love is hard to find.
El amor verdadero es difícil de encontrar.

love (each other), to   *amar(se)*
I love you and you love music.
Yo te amo y tú amas la música.

lover   *amante*
George is a music lover.
George es un amante de la música.

low   *bajo/-a*
What is the lowest price for this ring?
¿Cuál es el precio más bajo por este anillo?

lower, to   *bajar*
Please lower the volume on the TV.
Por favor baja el volumen de la televisión.

loyal   *leal*
A loyal friend must be treasured.
Un amigo leal debe atesorarse.

luck   *suerte*
I wish you good luck.
Te deseo buena suerte.

luggage   *equipaje*
It's better not to take a lot of luggage.
Es mejor no llevar mucho equipaje.

lukewarm   *tibio/-a*
My soup is lukewarm.
Mi sopa está tibia.

luxury   *lujo*
Traveling is a necessary luxury.
Viajar es un lujo necesario.

M

machine   *máquina*
How does this machine work?
¿Cómo funciona está máquina?

machinery   *maquinaria*
We will need heavy machinery to do this job.
Necesitaremos maquinaria pesada para hacer este trabajo.

made   *hecho/-a*
These crafts are made by hand.
Estas artesanías están hechas a mano.

madness   *locura*
Doing that would be madness.
Hacer eso sería una locura.

magazine   *revista*
This is a very interesting magazine.
Esta es una revista muy interesante.

magic   *magia*
Do you believe in magic?
¿Crees en la magia?

magic(al)   *mágico/-a*
This is a magic night.
Esta es una noche mágica.

magician   *mago/-a*
A good magician never reveals his tricks.
Un buen mago nunca revela sus trucos.

magnificent   *magnífico/-a*
The dancers put on a magnificent spectacle.
Los bailarines montaron un espectáculo magnífico.

mail   *correo*
I put the letter in the mail yesterday.
Puse la carta en el correo ayer.

mailbox   *buzón*
Where is a mailbox?
¿Dónde hay un buzón?

mailman   *cartero*
The mailman delivers the letters.
El cartero entrega las cartas.

main   *principal*
What's the main reason for your trip?
¿Cuál es la razón principal de su viaje?

main square   *zócalo*
On the main square there is a statue of the national hero.
En el zócalo hay una estatua del héroe nacional.

make a mistake, to   *equivocarse*
They made a mistake on the address.
Se equivocaron de dirección.

make sure, to   *asegurarse*
Make sure you're not forgetting anything.
Asegúrate de no olvidar nada.

make, to   *hacer, fabricar*
Do you know how to make pancakes?
¿Sabes hacer panqueques?

makeup   *maquillaje*
There are makeup tricks to make you beautiful.
Hay trucos de maquillaje para hacerte ver hermosa.

mall   *centro comercial*
Would you prefer going to the mall?
¿Prefieres ir al centro comercial?

man   *hombre*
Andrew is a kind and generous man.
Andrew es un hombre amable y generoso.

manage, to   *manejar, administrar, dirigir*
Manage your money well so that you can save.
Maneja bien tu dinero para que puedas ahorrar.

manager   *gerente*
I need to talk to the store manager.
Necesito hablar con el gerente de la tienda.

manner(s)   *manera, modales*
It's important to have good manners.
Es importante tener buenos modales.

manufacturer   *fabricante*
Handcraft manufacturers set up their stalls at the market.
Los fabricantes de artesanías ponen sus estantes en el mercado.

many times   *muchas veces*
Have you traveled many times on a train?
¿Has viajado muchas veces en tren?

map   *plano, mapa*
I asked for a map of the museum.
Pedí un plano del museo.

market   *mercado*
Do you want to go to the craft market?
¿Quieres ir al mercado de artesanías?

marketing   *mercadeo*
Publicity is a marketing tool.
La publicidad es una herramienta de mercadeo.

marriage   *matrimonio*
In theory, marriage is forever.
En teoría, el matrimonio es para siempre.

married   *casado/-a*
Louise and Jerry are married.
Louise y Jerry están casados.

marvel   *maravilla*
New York is an architectural marvel.
New York es una maravilla arquitectónica.

mass   *misa*
Visiting the church during mass is not allowed.
No se puede visitar la iglesia durante la misa.

massage   *masaje*
A massage would really make me feel good right now.
Un masaje me haría sentir muy bien ahora mismo.

match (light)   *fósforo, cerillo, partido (deportivo)*
I need a match to light this candle.
Necesito un fósforo para prender esta vela.

matter   *asunto, materia*
Global warming is an important matter.
El calentamiento global es un asunto importante.

mattress   *colchón*
The mattress is too soft.
El colchón es demasiado blando.

maybe   *quizás, tal vez*
Maybe it will rain tomorrow.
Quizás llueva mañana.

meaning   *significado*
Your words have no meaning for me.
Tus palabras no tienen significado para mí.

meaningful   *significativo*
Actions can be as meaningful as words.
Las acciones pueden ser tan significativas como las palabras.

measure   *medida*
Eating without measure isn't healthy.
No es sano comer sin medida.

measure, to   *medir*
Quality can't always be measured by price.
La calidad no siempre se puede medir por el precio.

mechanic   *mecánico*
We need a mechanic to fix our car.
Necesitamos un mecánico que arregle nuestro coche.

mechanical pencil   *lápiz mecánico, lapicero*
I lost my mechanical pencil.
Perdí mi lápiz mecánico.

media   *medios (de comunicación)*
All the media broadcast the terrible news.
Todos los medios de comunicación difundieron la terrible noticia.

meet, to   *conocer, encontrarse, reunirse*
I am very pleased to meet you.
Estoy encantado de conocerte.

meeting   *reunión, junta, encuentro*
Today I have a meeting in my office.
Hoy tengo una reunión en mi oficina.

melt, to   *derretir(se)*
Ice melts quickly in this heat.
El hielo se derrite rápidamente con este calor.

memory   *memoria, recuerdo*
Pictures are more trustworthy than memory.
Las fotografías son más confiables que la memoria.

menstruation   *menstruación*
Menstruation is a natural cycle.
La menstruación es un ciclo natural.

menu   *menú*
Can you bring us the menu please?
¿Nos puede traer el menú por favor?

merchandise   *mercancía*
The merchandise arrived damaged.
La mercancía llegó dañada.

message   *mensaje*
Did you get my message?
¿Recibiste mi mensaje?

metal   *metal*
Gold is expensive for being a rare metal.
El oro es caro por ser un metal raro.

method   *método*
What's the best packing method?
¿Cuál es el mejor método para empacar?

microwave   *microondas*
Never put metal in the microwave.
Nunca pongas metales en el microondas.

middle   *medio, mitad*
The two armies met in the middle of the battlefield.
Los dos ejércitos se encontraron en medio del campo de batalla.

mild   *templado/-a, suave*
A mild day is ideal for a long excursion.
Un día templado es ideal para una excursión larga.

mile   *milla*
One mile is the equivalent of three kilometers more or less.
Una milla equivale a tres kilómetros más o menos.

mind   *mente*
Fresh air clears the mind.
El aire fresco despeja la mente.

minute   *minuto*
I can be ready in five minutes.
Puedo estar listo en cinco minutos.

mirror   *espejo*
You should look at yourself in the mirror.
Deberías verte en el espejo.

mischief   *travesuras*
Good children don't make mischief.
Los niños buenos no hacen travesuras.

misfortune   *desgracia*
What a misfortune!
¡Qué desgracia!

miss   *señorita*
Excuse me, miss; you dropped your cell phone.
Disculpe, señorita, se le cayó su teléfono celular.

miss, to   *extrañar, perder*
I miss my friends and family.
Extraño a mis amigos y a mi familia.

mistake   *error, equivocación*
Clearly we made a mistake coming here.
Claramente cometimos un error al venir aquí.

mister (Mr.)   *señor*
That lady is Mr. Smith's wife.
Esa señora es la esposa del señor Smith.

mix, to   *mezclar*
Mixing business and pleasure can be risky.
Mezclar los negocios con el placer puede ser riesgoso.

mixture   *mezcla*
Gray is a mixture of black and white.
El gris es una mezcla de blanco y negro.

model   *modelo*
I want exactly the same model but in a different color.
Quiero exactamente el mismo modelo pero en otro color.

moderate   *moderado/-a*
It's safer to drive at a moderate speed.
Es más seguro conducir a una velocidad moderada.

modest   *pudoroso/-a*
Tania is very modest in her dress.
Tania es muy pudorosa en el vestir.

moment   *momento*
Can you wait here for me a moment?
¿Me puedes esperar un momento aquí?

money   *dinero*
I need to change money.
Necesito cambiar dinero.

mood   *humor*
Clara is always in a bad mood.
Clara siempre está de mal humor.

moon   *luna*
There was a full moon that night.
Había luna llena esa noche.

more (than)   *más (que)*
Friendship is worth more than money.
La amistad vale más que el dinero.

mountain   *montaña*
The valley is surrounded by snowcapped mountains.
El valle está rodeado de montañas nevadas.

mountain range   *cordillera*
The Andes mountain range is impressive.
La cordillera de los Andes es impresionante.

mountainous   *montañoso/-a*
The mountainous region offers beautiful views.
La región montañosa ofrece hermosas vistas.

move, to   *mover(se)*
Don't move!
¡No te muevas!

movie   *película*
Have you seen that movie?
¿Has visto esa película?

movie listings   *cartelera del cine*
You can find the movie listings in the newspaper.
Puedes encontrar la cartelera del cine en el periódico.

movie theater   *cine*
Do you want to go to the movies?
¿Quieres ir al cine?

much   *mucho*
We don't have much time left.
No nos queda mucho tiempo.

mud   *lodo*
Children love to play with mud.
A los niños les encanta jugar con lodo.

murder   *asesinato*
Murder is a crime that is severely punished.
El asesinato es un crimen que se castiga severamente.

murder, to   *asesinar*
Who murdered the president?
¿Quién asesinó al presidente?

museum   *museo*
The modern art museum is very interesting.
El museo de arte moderno es muy interesante.

music   *música*
Music is a universal language.
La música es un lenguaje universal.

musician   *músico*
New Orleans has many great musicians.
Nueva Orleans tiene muchos grandes músicos.

must   *deber, tener que*
We must do something about global warming.
Tenemos que hacer algo con respecto al calentamiento global.

mute   *mudo/-a*
Mutes can communicate with their hands as well as anybody.
*Los mudos se pueden comunicar con las manos tan bien como
    cualquiera.*

mystery   *misterio*
Some mysteries cannot be explained by science yet.
Algunos misterios no pueden ser explicados por la ciencia todavía.

N

nail   *clavo/uña*
I need a hammer and some nails to hang this picture. — Don't
    break a nail!
*Necesito un martillo y unos clavos para colgar este cuadro. — ¡No te
    vayas a romper una uña!*

nail clippers   *corta uñas*
Where can I buy a pair of nail clippers?
¿Dónde puedo comprar un corta uñas?

naked   *desnudo/-a*
It is forbidden to sunbathe naked on this beach.
Está prohibido asolearse desnudo en esta playa.

name   *nombre*
What's your name?
¿Cuál es tu nombre?

nap   *siesta*
It's healthy to take a nap.
Es saludable tomar una siesta.

napkin   *servilleta*
Paper napkins aren't elegant but they are practical.
Las servilletas de papel no son elegantes pero son prácticas.

narrow   *estrecho/-a*
The beds in this hotel are very narrow.
Las camas en este hotel son muy estrechas.

national   *nacional*
Baseball is the national pastime in the U.S.
El beisbol es el pasatiempo nacional en los EE.UU.

nationality   *nacionalidad*
My nationality is not the only thing that defines me.
Mi nacionalidad no es la única cosa que me define.

near   *cercano/-a, cerca (de)*
Where is the nearest hospital?
¿Dónde está el hospital más cercano?

necessary   *necesario/-a, indispensable*
It is necessary to have a reservation.
Es necesario tener una reservación.

necessity   *necesidad*
We all have the same necessities.
Todos tenemos las mismas necesidades.

need, to   *necesitar*
Do you need help?
¿Necesitas ayuda?

needle   *aguja*
I need a needle and thread to mend my dress.
Necesito aguja e hilo para arreglar mi vestido.

neighbor   *vecino/-a*
Our neighbors invited us to their party.
Nuestros vecinos nos invitaron a su fiesta.

neighborhood   *barrio, vecindario*
This is a very nice neighborhood.
Este es un barrio muy agradable.

neither   *tampoco*
The visit was neither fun nor interesting.
La visita no fue interesante, ni divertida tampoco.

network   *interconexión (de redes)*
The network grows bigger and faster every day.
La interconexión de redes crece más y más rápido cada día.

never   *jamás, nunca*
I had never seen anything like this.
Jamás había visto algo así.

nevertheless   *sin embargo*
I know it's dangerous; nevertheless, the risk is worth it.
Sé que es peligroso; sin embargo, el riesgo vale la pena.

new *nuevo/-a*
This new edition is better than the previous one.
Esta nueva edición es mejor que la anterior.

newspaper *diario, periódico*
He reads the newspaper every day.
Lee el diario todos los días.

next (to) *próximo/-a, siguiente, a lado de*
We're getting off at the next station.
Nos bajamos en la próxima estación.

nice *agradable, simpático/-a*
Steve is very nice.
Steve es muy simpático.

nickname *apodo*
Some nicknames are accurate.
Algunos apodos son acertados.

nightclub *club nocturno*
What is the best nightclub around here?
¿Cuál es el mejor club nocturno por aquí?

nightmare *pesadilla*
Last night I had such a horrible nightmare that I woke up
  screaming.
Anoche tuve una pesadilla tan horrible que desperté gritando.

nightstand *mesita de noche*
My alarm clock is on the nightstand.
Mi despertador está en la mesita de noche.

nobody *nadie*
Nobody here knows English.
Nadie aquí sabe inglés.

noise *ruido*
What's that frightful noise?
¿Qué es ese ruido espantoso?

noisy *ruidoso/-a*
This is a very noisy avenue.
Esta es una avenida muy ruidosa.

none   *ningún, ninguno/-a*
None of us knows where we are.
Ninguno de nosotros sabe dónde estamos.

nor   *ni*
Susana did not want to sing nor dance.
Susana no quiso ni bailar ni cantar.

north   *norte*
To avoid getting lost you must know where north is.
Para evitar perderse hay que saber dónde está el norte.

notebook   *cuaderno*
I am going to write your phone number in my notebook.
Voy a apuntar tu teléfono en mi.cuaderno.

nothing   *nada*
There is nothing to do.
No hay nada que hacer.

notice, to   *notar*
I didn't notice the detour sign and I got lost.
No noté la señal de desvío y me perdí.

now   *ahora*
Now is the time for action.
Ahora es el momento para la acción.

O

oath   *juramento*
An oath is a great responsibility.
Un juramento es una gran responsabilidad.

obey, to   *obedecer*
Juan does not like to obey orders.
A Juan no le gusta obedecer órdenes.

object   *objeto*
Some ancient objects can be very valuable.
Algunos objetos antiguos pueden ser muy valiosos.

obstacle   *obstáculo, impedimento*
I do not see any obstacles for our trip.
No veo ningún impedimento para nuestro viaje.

obtain, to   *conseguir, obtener*
He obtained a scholarship to study at a university in the U.S.
Obtuvo una beca para estudiar en una universidad en EE.UU.

ocean   *océano*
The Panama Canal connects the Atlantic Ocean with the Pacific.
El Canal de Panamá conecta el océano Atlántico con el Pacífico.

of   *de*
The table is made of wood.
La mesa está hecha de madera.

of course   *claro, por supuesto*
Would you like a cup of coffee? Of course!
¿Quieres un café? ¡Claro!

offer, to   *ofrecer*
Can I offer you something to drink?
¿Puedo ofrecerle algo de beber?

office   *oficina*
He has to go to the office every day.
Tiene que ir a la oficina todos los días.

often   *a menudo*
I wash my clothes often.
Lavo mi ropa a menudo.

old   *viejo/-a*
My suitcase is very old; I need a new one.
Mi maleta es muy vieja; necesito una nueva.

old man/woman   *anciano/-a*
My grandfather is an old man, but he is still very active.
Mi abuelo es un anciano, pero todavía es muy activo.

older   *mayor, más viejo*
Older people deserve respect.
La gente mayor merece respeto.

on   *en, sobre*
I left my keys on the table.
Dejé mis llaves sobre la mesa.

on board   *a bordo*
Welcome on board.
Bienvenidos a bordo.

on purpose   *adrede, a propósito, deliberadamente*
Did you do that on purpose?
¿Hiciste eso adrede?

on time   *a tiempo, puntual(mente)*
Because of the storm, none of the flights left on time.
A causa de la tormenta ninguno de los vuelos salió a tiempo.

on top of   *encima (de)*
I put the books on top of the table.
Coloqué los libros encima de la mesa.

once   *una vez*
I have been in Costa Rica only once.
He estado en Costa Rica solamente una vez.

only   *sólo, solamente, único/-a*
I only drink coffee in the mornings and I'm not the only one.
Solamente tomo café en las mañanas y no soy el único.

open   *abierto/-a*
The drugstore is open.
La farmacia está abierta.

operator   *operador(a)*
I need assistance from the operator to place this call.
Necesito asistencia de la operadora para hacer esta llamada.

opinion   *opinión*
I have no opinion on the matter.
No tengo opinión sobre el asunto.

opportunity   *oportunidad*
I need another opportunity to prove I can do it.
Necesito otra oportunidad para probar que puedo hacerlo.

or   *o*
Are you coming or staying?
¿Vienes o te quedas?

orchestra   *orquesta*
The National Orchestra will give a concert to celebrate
Independence Day.
*La orquesta nacional dará un concierto para celebrar el día de la
independencia.*

order   *orden, pedido*
Waiter, can you take our order?
Mesero, ¿puede tomarnos la orden?

order, to   *ordenar, mandar*
I order you to leave.
Te ordeno que te vayas.

organize, to   *organizar*
The workers organized a big protest.
Los obreros organizaron una gran manifestación.

orgasm   *orgasmo*
Orgasm is not necessarily the best part of sex.
El orgasmo no es necesariamente la mejor parte del sexo.

original   *original*
Your idea is not particularly original.
Tu idea no es particularmente original.

out   *fuera (de)*
Out of the house!
¡Fuera de la casa!

out of order   *averiado/-a, no funciona*
We'll have to use the stairs because the elevator is out of order.
Tendremos que usar las escaleras porque el ascensor está averiado.

outside   *afuera, exterior*
Is it cold outside? What's the outside temperature?
¿Hace frío afuera? ¿Cuál es la temperatura exterior?

outskirts   *alrededores*
The city's outskirts are not very interesting.
Los alrededores de la ciudad no son muy interesantes.

oven   *horno*
In the U.S., oven temperature is measured in degrees Fahrenheit.
En los EE.UU, la temperatura del horno se mide en grados Fahrenheit.

over there   *allá*
What's that over there?
¿Qué es eso que está allá?

overdose   *sobredosis*
An overdose can be deadly.
Una sobredosis puede ser mortal.

owe, to   *deber (dinero)*
You owe me fifty dollars and I want you to pay me.
Me debes cincuenta dólares y quiero que me pagues.

owner   *dueño/-a, propietario/-a*
Who is the owner of this house?
¿Quién es el dueño de esta casa?

ozone layer   *capa de ozono*
The ozone layer protects the planet from harmful radiation.
La capa de ozono protege al planeta de radiaciones dañinas.

P

pack, to   *empacar*
It's necessary to pack carefully before leaving on a trip.
Es necesario empacar con cuidado antes de salir de viaje.

package   *paquete*
Where can I mail this package?
¿Dónde puedo enviar este paquete?

padlock   *candado*
The gate is locked with a padlock.
La reja está cerrada con un candado.

painful   *doloroso/-a*
Luckily, the fall wasn't very painful.
Por suerte, la caída no fue muy dolorosa.

paint, to   *pintar*
I would like to paint a sunset like this one.
Quisiera pintar un atardecer como este.

painter   *pintor(a)*
You don't need to hire a professional painter.
No necesitas contratar a un pintor profesional.

painting   *pintura*
The key to painting is surface preparation.
La clave de la pintura es la preparación de la superficie.

pal   *amigo, amigazo*
John is not just my friend, he's my pal.
John no es sólo mi amigo, es mi amigazo.

paper (sheet)   *(hoja de) papel*
The printer is out of paper.
La impresora no tiene papel.

park   *parque*
Do you want to take a stroll in the park after lunch?
¿Quieres pasear por el parque después de comer?

park, to   *estacionar(se)*
It is difficult to park in this city.
Es difícil estacionarse en esta ciudad.

parking lot   *estacionamiento*
It's safer to park in a parking lot.
Es más seguro estacionarse en un estacionamiento.

part   *parte*
What part of the country are you from?
¿De qué parte del país eres?

party   *fiesta*
There's a party this afternoon to celebrate Rita's birthday.
Esta tarde hay una fiesta para celebrar el cumpleaños de Rita.

pass   *pase*
It's very convenient to be able to print the boarding passes at
    home.
Es muy conveniente poder imprimir los pases de abordar en casa.

passenger   *pasajero/-a*
The passenger missed the plane.
El pasajero perdió el avión.

passport   *pasaporte*
You need a valid passport to travel.
Se necesita un pasaporte válido para viajar.

past   *pasado*
In the past people had better manners.
En el pasado la gente tenía mejores modales.

pastime   *pasatiempo*
Chess is my favorite pastime.
El ajedrez es mi pasatiempo favorito.

path   *sendero*
This is the path to the ruins I told you about.
Este es el sendero que conduce a las ruinas de las que te hablé.

patient   *paciente*
A good traveler must be patient.
Un buen viajero debe ser paciente.

pay, to   *pagar*
Can I pay with my credit card?
¿Puedo pagar con mi tarjeta de crédito?

payment   *pago*
The rent payment must be made by check.
El pago de la renta se debe hacer con cheque.

peace   *paz*
We all wish for peace on earth.
Todos deseamos que haya paz en el mundo.

pedestrian   *peatón*
In big cities pedestrians don't have priority.
En las ciudades grandes los peatones no tienen prioridad.

pen   *pluma (de escribir)*
Can I borrow your pen?
¿Puede prestarme su pluma?

pencil   *lápiz*
Can you lend me a pencil?
¿Me puedes prestar un lápiz?

people   *gente*
This place is full of people.
Este lugar está lleno de gente.

perfect   *perfecto/-a*
I found the perfect gift at the craft fair.
Encontré el regalo perfecto en la feria de artesanías.

performance   *función*
At what time does the performance begin?
¿A qué hora empieza la función?

perfume   *perfume*
That perfume smells like a spring night in a garden.
Ese perfume huele a una noche de primavera en un jardín.

perhaps   *tal vez, quizás*
Perhaps you won't like what I bought for you.
Tal vez no te guste lo que compré para ti.

permission   *permiso, autorización*
You don't need my permission to go out.
No necesitas mi permiso para salir.

permit   *permiso, licencia*
You need a permit to import commercial products.
Se necesita un permiso para importar productos comerciales.

phone   *teléfono*
Can I use your phone to make a local call?
¿Puedo usar su teléfono para hacer una llamada local?

phonebook   *guía telefónica*
I need to look up a number in the phonebook.
Necesito buscar un número en la guía telefónica.

pick, to   *escoger, seleccionar*
I don't know which tie to pick.
No sé qué corbata escoger.

picture   *fotografía, cuadro, pintura*
Let me take your picture.
Deja que te tome una fotografía.

piece   *pedazo*
Can you pass me a piece of bread?
¿Me pasas un pedazo de pan?

pill   *pastilla, píldora*
Sleeping pills can be addictive.
Las pastillas para dormir pueden ser adictivas.

pillow   *cojín, almohada*
I need another pillow for the bed.
Necesito otra almohada para la cama.

pin   *alfiler*
This can't be fixed with a pin.
Esto no se puede arreglar con un alfiler.

pitcher   *jarra*
They served fruit juice in lovely glass pitchers.
Sirvieron jugo de fruta en lindas jarras de cristal.

pity   *lástima*
I feel pity for the poor immigrant.
El pobre emigrante me da lástima.

place   *sitio, lugar*
I know a nice place to eat.
Conozco un sitio agradable para comer.

plant   *planta*
My uncle is very good with plants.
Mi tío es muy bueno con las plantas.

plant, to   *sembrar*
My uncle plants vegetables in his vegetable garden every year.
Mi tío siembra vegetales en su huerta cada año.

plate   *plato*
You must finish all the food on your plate if you want dessert.
Debes terminarte toda la comida en tu plato si quieres postre.

plateau   *meseta*
Thanks to its elevation, the central plateau has mild weather.
Gracias a su elevación, la meseta central tiene un clima templado.

play, to   *jugar*
Do you want to play soccer at the park?
¿Quieres jugar futbol en el parque?

play (music), to   *tocar (música)*
Do you know how to play a musical instrument?
¿Sabes tocar un instrumento musical?

player   *jugador(a)*
Some soccer players are almost national heroes.
Algunos jugadores futbol son casi héroes nacionales.

playing cards   *cartas, naipes*
You need playing cards to play poker.
Necesitas naipes para jugar al póker.

pleasant   *agradable*
Summer nights are very pleasant here.
Las noches de verano son muy agradables aquí.

please   *por favor*
Take a seat please.
Tome asiento por favor.

pleased   *complacido/-a*
I was very pleased with the conference.
Estuve muy complacido con la conferencia.

pleasure   *placer*
It's a pleasure to meet you.
Es un placer conocerlo.

plug   *tapón*
I need a plug for the bathtub.
Necesito un tapón para la bañera.

plunge, to   *zambullir(se)*
Don't plunge headfirst into a lake.
No te zambullas de cabeza en un lago.

pocket   *bolsillo*
I like to walk with my hands in my pockets.
Me gusta caminar con las manos en los bolsillos.

pocket knife   *navaja*
A pocket knife is a very practical tool.
Una navaja es una herramienta muy práctica.

poetry   *poesía*
Do you like poetry?
¿Te gusta la poesía?

point, to   *apuntar, señalar*
A compass always points north.
Una brújula siempre apunta al norte.

poison   *veneno*
The poison of some snakes is deadly.
El veneno de algunas serpientes es mortal.

poisonous   *venenoso/-a*
Knowing how to identify a poisonous snake is useful.
Es útil saber identificar las serpientes venenosas.

police   *policía*
We must call the police.
Hay que llamar a la policía.

police station   *comisaría*
They took him to the police station.
Lo llevaron a la comisaría.

polite   *cortés*
In general, Mexicans are very polite.
En general, los mexicanos son muy corteses.

political party   *partido político*
In the United States there are two important political parties.
En Estados Unidos hay dos partidos políticos importantes.

politician   *político/-a*
Politicians can never please everybody at the same time.
Los políticos nunca pueden complacer a todo mundo al mismo tiempo.

politics   *política*
Politics has too many conflicting interests.
La política tiene demasiados conflictos de interés.

polluted   *contaminado/-a*
Unfortunately, the lake is very polluted.
Desgraciadamente, el lago está muy contaminado.

pollution   *contaminación*
We must do something to cut pollution.
Debemos hacer algo para reducir la contaminación.

pool   *piscina*
Let's go sunbathe by the pool.
Vamos a tomar el sol cerca de la piscina.

poor   *pobre*
Many poor people live here.
Aquí vive mucha gente pobre.

popular   *popular*
Popular politicians know how to make promises.
Los políticos populares saben hacer promesas.

population   *población*
What's this town's population?
¿Cuál es la población de este pueblo?

portable   *portátil*
My briefcase is a portable office.
Mi portafolio es una oficina portátil.

portion   *porción*
I only want a small portion because I'm on a diet.
Sólo quiero una porción pequeña porque estoy a dieta.

portrait   *retrato*
This is a portrait of George Washington.
Este es un retrato de George Washington.

possess, to   *poseer*
Many people don't possess enough resources to live comfortably.
*Muchas personas no poseen suficientes recursos para vivir
    cómodamente.*

possible   *posible*
They believe that it's possible to improve their situation by
    immigrating.
Creen que es posible mejorar su situación inmigrando.

post office   *oficina de correos*
Can you tell me where the post office is?
¿Me puede decir dónde está la oficina de correos?

postage stamp   *estampilla, sello postal*
How many (postage) stamps does this letter need?
¿Cuántas estampillas necesita esta carta?

poster   *cartel*
I want to buy the poster of the exhibition.
Quiero comprar el cartel de la exposición.

pot   *olla*
What's cooking in the pot?
¿Qué se está cocinando en la olla?

pound   *libra*
In most countries weight is measured in kilos not pounds.
En la mayoría de los países se mide el peso en kilos no en libras.

poverty   *pobreza*
Poverty is a serious problem.
La pobreza es un grave problema.

power   *poder*
Power corrupts.
El poder corrompe.

powerful   *poderoso/-a*
Economic interests are very powerful.
Los intereses económicos son muy poderosos.

pray, to   *rezar*
People pray in church.
La gente reza en la iglesia.

prayer   *oración*
You will always be in my prayers.
Siempre estarás en mis oraciones.

predict, to   *predecir*
It's impossible to predict the results of their gamble.
Es imposible predecir el resultado de su apuesta.

prefer, to   *preferir*
Some prefer to go to the capital, others abroad.
Algunos prefieren ir a la capital, otros al extranjero.

pregnancy   *embarazo*
Edgar is very happy about his wife's pregnancy.
Edgar está muy feliz por el embarazo de su esposa.

pregnant   *embarazada*
I think I'm pregnant.
Creo que estoy embarazada.

prepare, to   *preparar(se)*
How can I prepare for the exam?
¿Cómo puedo prepararme para el examen?

presentation   *presentación*
The presentation was very interesting.
La presentación fue muy interesante.

pressure   *presión*
There is a lot of pressure to stem the flow of illegal immigrants.
Hay mucha presión para reducir el flujo de inmigrantes ilegales.

pretend, to   *fingir*
She likes to pretend she's a movie star.
Le gusta fingir que es una estrella de cine.

pretty   *bonito/-a, lindo/-a*
Laura is a pretty woman.
Laura es una mujer bonita.

prevent, to   *prevenir*
To prevent epidemics we have to keep strict norms of hygiene.
*Para prevenir las epidemias hay que mantener estrictas normas de
    higiene.*

previous   *anterior*
This book is better than the previous one.
Este libro es mejor que el anterior.

price   *precio*
It seems to me that the price is too high.
Me parece que el precio está muy alto.

pride   *orgullo*
That team's fans have a lot of pride.
Los aficionados de ese equipo tienen mucho orgullo.

priest   *sacerdote*
The priest lives behind the church.
El sacerdote vive atrás de la iglesia.

printer   *impresora*
I need a printer to print my boarding pass.
Necesito una impresora para imprimir mi pase de abordar.

prison   *cárcel, prisión*
The judge sent the criminals to prison for life.
El juez envió a los criminales a prisión de por vida.

prisoner   *prisionero/-a*
The drug addict is a prisoner of his addiction.
El drogadicto es un prisionero de su adicción.

private   *particular, privado/-a*
I have taken a few private English lessons.
He tomado algunas lecciones particulares de inglés.

prize   *premio*
The golf champion won a prize.
El campeón de golf se ganó un premio.

problem   *problema*
Drug addiction is a social problem.
La drogadicción es un problema social.

produce, to   *producir*
Drugs are produced in the south but they are consumed in
the north.
Las drogas se producen en el sur pero se consumen en el norte.

profession   *profesión*
The teaching profession pays little but has a lot of rewards.
La profesión de la enseñanza paga poco pero tiene muchas recompensas.

profit   *ganancias*
Exports generate a lot of profits for the country.
La exportación genera muchas ganancias para el país.

promise   *promesa*
Don't make a promise you're not willing to keep.
No hagas una promesa que no estés dispuesto a cumplir.

promise, to   *prometer*
Promise me that you will return.
Prométeme que regresarás.

property   *propiedad*
Whose is this property?
¿De quién es esta propiedad?

protect, to   *proteger*
We must protect the environment.
Hay que proteger el medio ambiente.

protected   *protegido/-a*
Citizens' rights are protected by the constitution.
Los derechos de los ciudadanos están protegidos por la constitución.

protest   *protesta*
Your protests won't change anything.
Tus protestas no cambiarán nada.

protest march   *manifestación*
The traffic jam is due to the protest march.
El embotellamiento se debe a la manifestación.

protest, to   *protestar*
The workers were protesting because of their poor working
  conditions.
Los obreros protestaban por sus malas condiciones de trabajo.

proud   *orgulloso/-a*
I'm very proud of my son.
Estoy muy orgulloso de mi hijo.

prove, to   *probar, demostrar*
I don't have to prove anything to you.
No tengo nada que demostrarte.

publisher   *editorial*
This book is edited by a well-known publisher.
Este libro es editado por una editorial muy conocida.

puddle   *charco*
The rain left a lot of puddles on the road.
La lluvia dejó muchos charcos en el camino.

pull, to   *jalar*
It's easier to pull luggage than to carry it.
Es más fácil jalar las maletas que cargarlas.

punctual(ly)   *puntual(mente)*
Trains tend to be more punctual than planes.
Los trenes suelen ser más puntuales que los aviones.

puncture, to   *pinchar*
How did your tires get punctured?
¿Cómo se les pincharon las llantas?

punish, to   *castigar*
Laws protect the innocent and punish criminals.
Las leyes protegen a los inocentes y castigan a los criminales.

purchase   *compra*
I made some good purchases at the market.
Hice una buena compra en el mercado.

pure   *puro/-a*
Pure water is the most refreshing drink.
El agua pura es la bebida más refrescante.

purpose   *propósito*
The purpose of my trip is to know Spain.
El propósito de mi viaje es conocer España.

purse   *bolso*
Don't keep your passport in your purse.
No guardes tu pasaporte en tu bolso.

pursue, to   *perseguir*
The police pursued the thief until they caught him.
La policía persiguió al ladrón hasta que lo atrapó.

push, to *empujar*
Don't push me!
¡No me empujes!

put, to *poner*
Where do you want me to put this?
¿Dónde quieres que ponga esto?

put away, to *guardar*
My son never wants to put his toys away.
Mi hijo nunca quiere guardar sus juguetes.

put in, to *meter*
When the water boils, put in the pasta.
Cuando hierva el agua, mete la pasta.

put on, to *ponerse*
It's cold; you better put on a coat.
Hace frío, más vale que te pongas un abrigo.

Q

quality *calidad*
These shoes are very good quality.
Estos zapatos son de muy buena calidad.

quantity *cantidad*
Quality is better than quantity.
La calidad es mejor que la cantidad.

quarantine *cuarentena*
The epidemic forced the authorities to impose quarantine.
La epidemia obligó a las autoridades a imponer una cuarentena.

queen *reina*
The queen is the king's wife.
La reina es la esposa del rey.

question *pregunta*
I have a question.
Yo tengo una pregunta.

quick(ly) *veloz, rápido, rápidamente*
Come, quickly!
Ven, ¡rápido!

quiet   *callado/-a, silencio(so), tranquilo*
Why are you so quiet today?
¿Por qué estás tan callado hoy?

R

rabbi   *rabino*
Rabbis are the teachers of the Jewish tradition.
Los rabinos son los maestros de la tradición judía.

race   *carrera*
I like car races.
Me gustan las carreras de coches.

radiator   *radiador*
I believe the problem is a leak in the radiator.
Creo que el problema es una fuga en el radiador.

railroad   *ferrocarril*
It's a pity that there aren't more railroads.
Es una pena que no haya más ferrocarriles.

rain   *lluvia*
I like dancing in the rain.
Me gusta bailar bajo la lluvia.

rain, to   *llover*
Do you think it's going to rain?
¿Cree que va a llover?

rainbow   *arco iris*
After the storm we saw a rainbow.
Después de la tormenta vimos un arco iris.

rainy   *lluvioso/-a*
Reading helps pass the time on a rainy day.
Leer ayuda a pasar el tiempo en un día lluvioso.

raise, to   *levantar, elevar, subir*
Raise your hand if you want to ask a question.
Levanten la mano si quieren hacer una pregunta.

rapidly   *rápidamente*
We'll get there more rapidly on the subway.
Llegaremos más rápidamente en metro.

rate   *tarifa*
What's the hourly rate?
¿Cuál es la tarifa por hora?

raw   *crudo/-a*
It's dangerous to eat raw meat.
Es peligroso comer carne cruda.

razor (blade)   *rasuradora, navaja, (hoja) de afeitar*
I need to shave, where is my razor?
Necesito afeitarme, ¿dónde está mi rasuradora?

reaction   *reacción*
I hope the food doesn't cause you an allergic reaction.
Espero que la comida no te provoque una reacción alérgica.

read, to   *leer*
I really like reading travel books.
Me encanta leer libros de viaje.

reader   *lector(a)*
A good reader reads every page.
Un buen lector lee cada página.

ready   *listo/-a, preparado/-a*
We must be ready for anything that may happen.
Debemos estar listos para cualquier cosa que pueda suceder.

real(ly)   *verdadero, real(mente)*
It's a real pleasure to be here with you.
Es un verdadero placer estar aquí con ustedes.

realistic   *realista*
The employers say that the worker's demands aren't realistic.
Los patrones dicen que las demandas de los obreros no son realistas.

realize, to   *darse cuenta*
I didn't realize it was so late.
No me di cuenta de que fuera tan tarde.

reason   *razón*
You don't need a good reason to be kind.
No necesitas una buena razón para ser amable.

receipt   *recibo*
When you buy something always ask for a receipt.
Cuando compres algo siempre pide un recibo.

receive, to   *recibir*
Did you receive my e-mail?
¿Recibiste mi correo electrónico?

recent(ly)   *reciente(mente)*
The conflict between employers and workers isn't recent.
El conflicto entre patrones y obreros no es reciente.

recognize, to   *reconocer*
I didn't recognize you.
No te reconocí.

recommend, to   *recomendar*
Can you recommend a good but cheap restaurant?
¿Me puedes recomendar un restaurante bueno pero barato?

recording   *grabación*
I would like to buy a recording of the concert.
Quisiera comprar una grabación del concierto.

recycle, to   *reciclar*
Recycling is a way to fight global warming.
Reciclar es una manera de combatir el calentamiento global.

reduction   *reducción*
Reductions in sales have forced the company to cut back
   production.
*Las reducciones en ventas han obligado a la compañía a disminuir
   la producción.*

reflect, to   *reflejar*
It's said that the eyes reflect the soul of a person.
Se dice que los ojos reflejan el alma de una persona.

refrigerator   *refrigerador, frigorífico*
The beers are in the refrigerator.
Las cervezas están en el refrigerador.

refugee   *refugiado/-a*
Some immigrants are political refugees.
Algunos inmigrantes son refugiados políticos.

refuse, to   *rehusar(se), negar(se)*
I refuse to pay the surcharges.
Me rehúso a pagar los recargos.

regime   *régimen*
Dictatorial regimes can't last forever.
Los regímenes dictatoriales no pueden durar para siempre.

regrettable   *lamentable*
It's regrettable that there is so much poverty in the world.
Es lamentable que haya tanta pobreza en el mundo.

related   *relacionado/-a*
The problems of poverty and illegal immigration are related.
Los problemas de la pobreza y la inmigración ilegal están relacionados.

relationship   *relación*
Maintaining a long-distance relationship isn't easy.
No es fácil mantener una relación de larga distancia.

relative   *pariente*
I almost never visit my relatives.
Casi nunca visitó a mis parientes.

relief   *alivio*
It was a relief to catch the flight.
Fue un alivio alcanzar el vuelo.

relieve, to   *aliviar*
Do you want something to relieve the pain?
¿Quieres algo para aliviar el dolor?

religion   *religión*
Religion has played an important role in history.
La religión ha jugado un papel importante en la historia.

religious   *religioso/-a*
This is a very religious nation.
Esta es una nación muy religiosa.

remain, to   *quedar(se)*
We better remain here until it stops raining.
Es mejor quedarnos aquí hasta que pare de llover.

remedy   *remedio*
Love is the best remedy for sadness.
El amor es el mejor remedio para la tristeza.

remember, to   *acordarse, recordar*
I will always remember you.
Siempre me acordaré de ti.

remove, to   *quitar(se)*
I always remove my shoes when I get home.
Siempre me quito los zapatos cuando llego a casa.

rent   *renta, alquiler*
Have you paid this month's rent?
¿Ya pagaste la renta de este mes?

rent, to   *rentar, alquilar*
We should rent a car to go to the beach.
Deberíamos rentar un coche para ir a la playa.

repair   *reparación*
This car needs an urgent repair.
Este coche necesita una reparación urgente.

repair, to   *reparar*
We need to repair it in order to go on with the trip.
Necesitamos repararlo para seguir el viaje.

repeat, to   *repetir*
Can you repeat what you just said?
¿Puedes repetir lo que acabas de decir?

replace, to   *remplazar*
I need to replace my camera's batteries.
Necesito remplazar las pilas de mi cámara.

reply, to   *responder, contestar*
I try to reply to text messages as soon as I receive them.
Trató de responder a los mensajes de texto tan pronto como los recibo.

request   *pedido*
Your request will be considered.
Su pedido será considerado.

request, to   *solicitar, pedir*
I had to request a visa to travel to the U.S.
Tuve que solicitar una visa para viajar a los EE.UU.

rescue, to   *rescatar, socorrer*
Who will be able to rescue us?
¿Quién podrá rescatarnos?

research   *investigación*
I did a lot of research in preparation for the trip.
Hice mucha investigación para preparar el viaje.

research, to   *investigar*
I researched everything, from where to go to how to get there.
Investigué todo, desde a dónde ir hasta cómo llegar.

resemble, to   *parecerse*
They resemble each other like two drops of water.
Se parecen como dos gotas de agua.

reservation   *reservación*
The reservation is under the company's name.
La reservación está a nombre de la compañía.

reserve, to   *reservar*
I called to reserve a table for four yesterday.
Hablé para reservar una mesa para cuatro ayer.

resist, to   *resistir*
Sometimes temptation is impossible to resist.
A veces es imposible resistir la tentación.

respect, to   *respetar*
We could begin by respecting nature more.
Podríamos empezar por respetar más a la naturaleza.

respectful   *respetuoso/-a*
George is a very respectful person.
George es una persona muy respetuosa.

rest   *descanso, reposo*
I need a rest.
Necesito un descanso.

rest, to   *descansar*
I need to rest before going on.
Necesito descansar antes de continuar.

restaurant   *restaurante*
We want to go to a local-food restaurant.
Queremos ir a un restaurante de comida local.

restrooms   *servicios*
Can you tell me where the restrooms are?
¿Puede decirme dónde están los servicios?

retirement   *jubilación*
I want to take advantage of my retirement to travel around
  the world.
Quiero aprovechar mi jubilación para viajar por el mundo.

return, to   *regresar, volver*
I will return to Europe some day.
Regresaré a Europa algún día.

review, to   *revisar*
First, I have to review our performance.
Primero, tengo que revisar nuestra actuación.

rhythm   *ritmo*
African rhythms are at the heart of Latin music.
Los ritmos africanos son el corazón de la música latina.

rich   *rico, adinerado*
You don't need to be rich to be happy.
No necesitas ser rico para ser feliz.

ride (a bicycle), to   *montar, andar (en bicicleta)*
Everybody knows how to ride a bike.
Todo mundo sabe andar en bicicleta.

right   *derecha, correcto/-a*
Turn to the right at the next corner.
Da vuelta a la derecha en la próxima esquina.

right now   *ahora (mismo)*
We must leave right now to be on time.
Debemos salir ahora mismo para llegar a tiempo.

rights   *derechos*
Civil rights need to be defended constantly.
Los derechos civiles necesitan defenderse constantemente.

ring   *anillo*
I can't find my wedding ring!
¡No puedo encontrar mi anillo de bodas!

ripe   *maduro/-a*
Do not eat fruit that isn't ripe.
No comas fruta que no está madura.

risk   *riesgo*
Some people really like taking unnecessary risks.
A algunas personas les encanta tomar riesgos innecesarios.

risk, to   *arriesgar(se)*
The one who bets risks his money.
El que apuesta arriesga su dinero.

risky   *riesgoso/-a*
Many activities are fun precisely because they are risky.
Muchas actividades son divertidas precisamente porque son riesgosas.

river   *río*
Can we bathe in the river?
¿Podemos bañarnos en el río?

road   *camino*
Is this the right road?
¿Es este el camino correcto?

roast, to   *asar*
Will we roast the chicken?
¿Vamos a asar el pollo?

rob, to   *robar*
You can rob me of my money but you can't take away my dignity.
Me puedes robar mi dinero pero no me puedes quitar mi dignidad.

robbery   *robo*
There was a robbery at the bank.
Hubo un robo en el banco.

rock   *roca*
Erosion has created some beautiful rock formations in
    Monument Valley in Utah.
*La erosión ha creado hermosas formaciones de roca en Monument
    Valley en Utah.*

romantic   *romántico/-a*
Candles and red roses are part of a romantic evening.
Las velas y las rosas rojas son parte de una velada romántica.

roof   *techo (exterior)*
From the roof you can see the whole city.
Desde el techo se puede ver toda la ciudad.

room   *habitación, cuarto*
Do you have a double room for two nights?
¿Tiene una habitación doble para dos noches?

roomy   *espacioso/-a*
I need a roomier one.
Necesito una más espaciosa.

rope   *cuerda*
We need a rope to hang the hammocks.
Necesitamos una cuerda para colgar las hamacas.

rotten   *podrido/-a*
Don't eat that fruit; it's rotten.
No comas esa fruta; está podrida.

round   *redondo/-a*
A round trip is cheaper than a one-way one.
Es más barato un viaje redondo que uno sencillo.

route   *ruta*
Little known routes are often the most interesting.
Las rutas poco conocidas son muchas veces las más interesantes.

rub, to   *frotar*
Rub your hands to warm them.
Frótate las manos para calentarlas.

rubber band   *liga elástica, de goma*
Rubber bands are very practical.
Las ligas de goma son muy prácticas.

rude   *descortés*
Please don't be rude to the guests.
Por favor no sea descortés con los huéspedes.

rug   *tapete*
The living room rug is very dirty.
El tapete de la sala está muy sucio.

ruin, to   *arruinar*
The rain ruined the outing.
La lluvia arruino la excursión.

rule, to   gobernar
Dictators rule with an iron fist.
Los dictadores gobiernan con mano de hierro.

rules   *reglas*
If you break the rules you'll have to live with the consequences.
Si rompes las reglas tendrás que atenerte a las consecuencias.

run away, to   *huir*
The brave don't run away in the face of danger.
Los valientes no huyen ante el peligro.

run over, to   *atropellar*
Cross the street carefully to avoid getting run over.
Cruza la calle con cuidado para evitar que te atropellen.

run, to   *correr*
Walk, don't run.
Camina, no corras.

S

sad   *triste*
Why are you sad?
¿Por qué estás triste?

sadness   *tristeza*
Happiness is better than sadness.
Es mejor la felicidad que la tristeza.

safe   *seguro/-a*
I feel safer in a group.
Me siento más seguro en grupo.

sailor   *marinero*
Sailors must know how to swim.
Los marineros deben saber nadar.

saint   *santo/-a*
He's not evil, but he isn't a saint either.
No es malo, pero no es un santo tampoco.

salary   *salario, paga*
I receive my salary every two weeks.
Recibo mi salario cada dos semanas.

sale   *venta*
This house is for sale.
Esta casa está a la venta.

salty   *salado/-a*
The fish was very salty.
El pescado estaba muy salado.

same   *igual, mismo/-a*
Mexican food in the U.S. is not the same as food in Mexico.
La comida mexicana en EE.UU. no es igual a la comida en México.

sample   *muestra*
Would you like to try a sample?
¿Le gustaría probar una muestra?

sand   *arena*
Do you want to build a sand castle?
¿Quieres construir un castillo de arena?

satisfied   *satisfecho/-a*
The meal left me very satisfied.
La comida me dejó muy satisfecho.

save, to   *salvar/ahorrar*
We were saved by the bell.
Nos salvó la campana.

say goodbye, to   *despedirse*
I will say goodbye early because they are expecting me at home.
Me voy a despedir temprano porque me esperan en casa.

say, to   *decir*
It's hard to say goodbye.
Es difícil decir adiós.

scam   *estafa*
This business is a scam.
Este negocio es una estafa.

scare, to   *espantar, asustar*
You scared me!
¡Me espantaste!

scenic   *panorámico/-a*
The scenic highway is not very fast.
La carretera panorámica no es muy rápida.

schedule   *horario*
Where can I check the train schedule?
¿Dónde puedo consultar el horario de los trenes?

school   *colegio, escuela*
Do you have to go to school every day?
¿Tienes que ir al colegio todos los días?

science (fiction)   *ciencia (ficción)*
I like science and therefore I like science fiction movies.
Me gusta la ciencia y por eso me gustan las películas de ciencia ficción.

scissors   *tijeras*
Can you lend me some scissors?
¿Puedes prestarme unas tijeras?

scrambled   *revuelto/-a*
I like scrambled eggs.
Me gustan los huevos revueltos.

scream, to   *gritar*
The woman screamed when she saw the mouse.
La mujer gritó cuando vio al ratón.

screen   *pantalla*
Most televisions now have flat screens.
La mayoría de las televisiones ahora tiene pantallas planas.

scuba dive, to   *bucear*
I would like to learn to scuba dive.
Me gustaría aprender a bucear.

scuba diving   *buceo*
The coral reef is the best place for scuba diving.
El arrecife de coral es el mejor lugar para el buceo.

sea   *mar*
I would like to live by the sea.
Me gustaría vivir cerca del mar.

seamstress   *costurera*
My grandmother was an excellent seamstress.
Mi abuela era una costurera excelente.

search, to   *buscar*
I searched everywhere for my wallet but I couldn't find it.
Busqué mi billetera por todas partes pero no pude encontrarla.

season   *temporada*
Hotels are more expensive during the tourist season.
Los hoteles son más caros durante la temporada de turistas.

seat   *asiento*
Is this seat taken?
¿Está ocupado este asiento?

second   *segundo*
Wait a second.
Espera un segundo.

secret   *secreto*
The secret of the sauce is in the condiment blend.
El secreto de la salsa está en la mezcla de los condimentos.

section   *sección*
Do you prefer the smoking or the no-smoking section?
¿Prefiere la sección de fumar o de no fumar?

secure, to   *asegurar, afianzar*
The candidate secured his position among the voters.
El candidato afianzó su posición entre los electores.

security   *seguridad*
I will call security.
Llamaré a seguridad.

see, to   *ver*
You have to see it to believe it.
Tienes que verlo para creerlo.

seed   *semilla*
My uncle uses only organic seeds.
Mi tío usa solamente semillas orgánicas.

seem, to   *parecer*
It seems we have made a mistake.
Parece que hemos cometido un error.

select, to   *seleccionar*
We have to select the freshest ingredients.
Hay que seleccionar los ingredientes más frescos.

selfish   *egoísta*
Do not be selfish; lend me your car.
No seas egoísta; préstame tu coche.

sell, to   *vender*
Where do they sell handcrafts?
¿Dónde venden artesanías?

send, to   *enviar*
I will send you an e-mail as soon as I can.
Te enviaré un correo electrónico en cuanto pueda.

sender   *remitente*
Don't forget to put the sender's information on the envelope.
No olvides poner la información del remitente en el sobre.

sense   *sentido, sensación*
This story doesn't make sense.
Esta historia no tiene sentido.

sensibility   *sensibilidad*
Some matters must be addressed with sensibility.
Algunos asuntos deben tratarse con gran sensibilidad.

sensible   *sensato/-a, juicioso/-a*
Sometimes it's better to be sensible than intelligent.
A veces es mejor ser juicioso que inteligente.

sensual   *sensual*
Latin rhythms in general are very sensual.
Los ritmos latinos en general son muy sensuales.

sentence   *frase*
Short sentences are better.
Las frases cortas son mejores.

separate, to   *separar(se)*
Don't separate yourselves from the group so you don't get lost.
No se separen del grupo para que no se pierdan.

series   *serie*
A series of coordinated measures is necessary to manage the
AIDS crisis.
*Una serie de medidas coordinadas es necesaria para manejar la crisis
del SIDA.*

serious   *grave, serio/-a*
I hope it's nothing serious.
Espero que no sea nada grave.

serve, to   *servir(se)*
The waiter served the food quickly.
El mesero sirvió la comida rápidamente.

service   *servicio*
The service at that hotel isn't very good.
El servicio en ese hotel no es muy bueno.

several   *varios*
We are going to visit several landmarks in the city.
Vamos a visitar varios sitios importantes en la ciudad.

sew, to   *coser*
I need thread to sew a hole in my sock.
Necesito hilo para coser un hoyo en mi calcetín.

sewing   *costura*
My grandmother was very good at sewing.
Mi abuela era muy buena para la costura.

sex   *sexo*
Safe sex must be practiced in order to avoid getting AIDS.
Hay que practicar sexo seguro para evitar contagiarse de SIDA.

shadow   *sombra*
Let's sit down under the tree's shadow.
Sentémonos a la sombra del árbol.

shampoo   *champú*
I ran out of shampoo.
Se me acabó el champú.

shape   *forma, estado*
I am in good shape because I eat well and exercise.
Estoy en buena forma porque como bien y hago ejercicio.

share, to   *compartir*
Can we share the bill?
¿Podemos compartir la cuenta?

sharp   *afilado/-a*
This knife is not very sharp.
Este cuchillo no está muy afilado.

shave, to   *afeitar(se)*
Before taking a bath, I shave.
Antes de bañarme me afeito.

sheet   *sábana*
Do you want me to change the sheets?
¿Quiere que cambie las sábanas?

shell   *cáscara*
Walnuts have a very hard shell.
Las nueces tienen una cáscara muy dura.

shine, to   *brillar, resplandecer*
Stars shine more by the sea.
Las estrellas brillan más cerca del mar.

ship   *nave, embarcación*
One day we will travel in space ships.
Un día viajaremos en naves espaciales.

shirt   *camisa*
Do you have cotton shirts?
¿Tiene camisas de algodón?

shoot, to   *disparar*
I give up, don't shoot!
¡Me rindo, no dispare!

shore   *orilla*
She sells seashells by the seashore.
Ella vende conchas a la orilla del mar.

short   *corto/-a*
These pants are too short for me.
Estos pantalones son demasiado cortos para mí.

shortage   *escasez*
The drought provoked a food shortage.
La sequía provocó una escasez de comida.

shot   *disparo*
I'm sure I heard a shot last night.
Estoy seguro de que anoche oí un disparo.

shout, to   *gritar*
You don't need to shout.
No necesitas gritar.

shovel   *pala*
To make a good sand castle you need a pail and a shovel.
Para hacer un buen castillo de arena se necesitan un cubo y una pala.

show   *espectáculo*
The show was very entertaining.
El espectáculo estuvo muy entretenido.

show window   *aparador*
I like to go downtown to see the show windows.
Me gusta ir al centro de la ciudad para ver aparadores.

show, to   *mostrar, enseñar*
The driver showed the policeman his driver's license.
El conductor le enseñó su licencia de manejar al policía.

shower   *ducha*
I'm going to take a shower before leaving.
Voy a tomar una ducha antes de salir.

shrink, to   *encoger*
They shrunk my shirts at the laundry.
Encogieron mis camisas en la lavandería.

shut, to   *cerrar*
Shut the windows to keep the heat inside the house.
Cierra las ventanas para mantener el calor dentro de la casa.

shy   *tímido/-a, penoso/-a*
Being shy has practically no advantages.
Ser tímido no tiene prácticamente ninguna ventaja.

sick   *enfermo/-a*
I feel very sick.
Me siento muy enfermo.

side   *lado, costado*
I like to walk by your side.
Me gusta caminar a tu lado.

sidewalk   *acera*
It's safer to walk on the sidewalk.
Es más seguro caminar por la acera.

sign   *letrero, señal*
The sign indicates which way to go.
El letrero indica por dónde ir.

sign, to   *firmar*
You must sign the contract before moving into the apartment.
Debe de firmar el contrato antes de mudarse al departamento.

signal   *señal*
Obey all the traffic signals.
Obedece todas las señales de tránsito.

signature   *firma*
Sign here, please.
Firme aquí, por favor.

silence   *silencio*
Sometimes silence says more than words.
A veces el silencio dice más que las palabras

silk   *seda*
I don't like silk sheets.
No me gustan las sábanas de seda.

silly   *tonto/-a, ridículo/-a*
Don't be silly!
¡No seas tonta!

silver   *plata*
There's a silver-object exhibit.
Hay una exhibición de objetos de plata.

silverware   *cubiertos*
Could you bring me some clean silverware?
¿Me podría traer unos cubiertos limpios?

similar   *similar, semejante*
This model is similar but cheaper.
Este modelo es similar pero más barato.

simple   *sencillo/-a, fácil*
Look, it's very simple.
Mira, es muy fácil.

since   *desde*
This restaurant has been open since 1952.
Este restaurante está abierto desde 1952.

sincerity   *sinceridad*
Sincerity is the mark of a true friend.
La sinceridad es la marca de un verdadero amigo.

sing, to   *cantar*
I always sing in the shower.
Siempre canto en la regadera.

singer   *cantante*
The singer gave a good concert.
El cantante dio un buen concierto.

single   *individual, soltero/-a*
Esther is not married; she is single.
Esther no está casada; es soltera.

sir   *señor*
Excuse me, sir; that's my seat.
Disculpe, señor; ese es mi asiento.

sit (down), to   *sentar(se)*
Please, sit down.
Siéntense, por favor.

size   *tamaño, talla*
What size is the bed? It's a double.
¿De qué tamaño es la cama? Es doble.

skinny   *flaco/-a*
Hank is a tall and skinny boy.
Hank es un muchacho alto y flaco.

sky   *cielo*
What a blue sky!
¡Qué cielo tan azul!

sleep, to   *dormir*
I want to sleep for twelve hours at least.
Quiero dormir por doce horas por lo menos.

slice   *rebanada*
Would you like a slice of bread with butter?
¿Quieres una rebanada de pan con mantequilla?

slim   *esbelto/-a*
My sister's boyfriend is slim and tall.
El novio de mi hermana es esbelto y alto.

slope   *cuesta*
It is going to be difficult to climb the slope.
Va a ser difícil subir la cuesta.

slow   *lento/-a*
A train is slower than a plane but more comfortable.
Un tren es más lento que un avión pero más cómodo.

slowly   *despacio, lentamente*
Walk slowly to avoid falling.
Camine despacio para evitar caerse.

small   *pequeño/-a, chico/-a*
Let's take a small break.
Tomemos un pequeño descanso.

smell   *olor*
There's a strange smell in here.
Aquí adentro hay un olor extraño.

smell, to   *oler*
The food smells good.
La comida huele bien.

smile   *sonrisa*
Smiles are better than tears.
Las sonrisas son mejores que las lágrimas.

smile, to   *sonreír*
Smile for the picture!
¡Sonrían para la foto!

smoke   *humo*
In a fire, smoke can be as dangerous as flames.
En un incendio, el humo puede ser tan peligroso como las llamas.

smoke, to   *fumar*
In most offices smoking is no longer allowed.
Ya no se permite fumar en la mayoría de las oficinas.

smooth   *liso/-a, suave*
You have very smooth skin.
Tienes la piel muy suave.

sneeze, to   *estornudar*
Sneezing may be a sign of the flu.
Estornudar puede ser un signo de gripe.

snow   *nieve*
It's fun to play in the snow provided you are not cold.
Es divertido jugar en la nieve siempre y cuando no tengas frío.

soap   *jabón*
There is no soap in the bathroom.
No hay jabón en el baño.

soap opera   *telenovela*
Are soap operas still popular in the U.S.?
¿Todavía son populares las telenovelas en los EE.UU?.

sober   *sobrio/-a*
You have to be sober to drive.
Hay que estar sobrio para manejar.

soft   *blando/-a, suave*
This couch is very soft.
Este sillón es muy blando.

software   *programa de computación*
Now there's computer software for everything.
Ahora hay programas de computación para todo.

soil   *tierra*
Tomatoes need good soil and a lot of sun to grow.
Los tomates necesitan buena tierra y mucho sol para crecer.

soldier   *soldado*
Soldiers parade on Independence Day.
Los soldados desfilan el día de la independencia.

solve, to   *resolver*
Everybody is trying to solve the problem of global warming.
Todo mundo está tratando de resolver el problema del calentamiento global.

some   *algún, alguno/-a(s)*
Some people don't like to travel.
A algunas personas no les gusta viajar.

sometimes   *a veces*
Sometimes I go out to eat and I try to be on time.
A veces salgo a comer y trato de llegar a tiempo.

somebody   *alguien*
I need somebody's help!
¡Necesito la ayuda de alguien!

someone   *alguien, alguna persona*
Did someone call me on the phone?
¿Me llamó alguien por teléfono?

something   *algo*
Do you want something to eat?
¿Quieres algo de comer?

song *canción*
What a pretty song.
Qué bonita canción.

soon *pronto*
Dinner will be ready soon.
Pronto estará lista la cena.

sorrow *pena, tristeza*
Some say that she died from sorrow.
Algunos dicen que murió de pena.

sorry *apenado/-a*
I am very sorry for being late.
Estoy muy apenado por haber llegado tarde.

sound *sonido*
I like the sound of the sea.
Me gusta el sonido del mar.

south *sur*
Birds fly south for the winter.
Los pájaros vuelan al sur por el invierno.

souvenir *recuerdo*
I bought a replica of the Statue of Liberty as a souvenir.
Compré una replica de la Estatua de la Libertad como recuerdo.

space *espacio*
There isn't enough space in my suitcase for all the presents.
No hay suficiente espacio en mi maleta para todos los regalos.

Spanish *español, castellano*
Spanish is my native language.
El español es mi idioma nativo.

spark *chispa*
A spark can start a fire.
Una chispa puede provocar un incendio.

speak, to *hablar*
I want to learn how to speak English.
Quiero aprender a hablar inglés.

special *especial*
This has been a very special trip for me.
Este ha sido un viaje muy especial para mí.

specialist   *especialista*
I want to see a specialist.
Quiero ver a un especialista.

specially   *especialmente*
We came specially to see you.
Venimos especialmente a verlos.

specialty   *especialidad*
He is a doctor and his specialty is pediatrics.
Es médico y su especialidad es la pediatría.

species   *especie*
Many animal and plant species are endangered.
Muchas especies de animales y plantas están en peligro de extinción.

speed   *velocidad*
Respect the speed limit.
Respeta el límite de velocidad.

spend, to   *gastar*
We can't spend money on just anything.
No podemos gastar el dinero en cualquier cosa.

spicy   *picante, condimentado/-a*
I don't like very spicy food.
No me gusta la comida muy picante.

spirit   *espíritu*
The spirit of adventure guides us.
Nos guía el espíritu de la aventura.

splinter   *astilla*
A splinter can be very uncomfortable.
Una astilla puede ser muy incómoda.

split, to   *partir, separar*
The lightning split the tree.
El rayo partió el árbol.

spoil, to   *echar a perder, arruinar*
If you don't put the milk in the fridge, it will spoil.
Si no pones la leche en el refrigerador, se echará a perder.

sponge   *esponja*
Where is the sponge to wash the glasses?
¿Dónde está la esponja para lavar los vasos?

spoon   *cuchara*
You eat soup with a spoon.
La sopa se come con una cuchara.

sports fan   *hincha*
Some sports fans take the fanaticism too far.
Algunos hinchas llevan su fanatismo demasiado lejos.

spread, to   *esparcir*
My uncle scatters the seeds in his vegetable garden.
Mi tío esparce las semillas en su huerta.

stadium   *estadio*
This city has a huge football stadium.
Esta ciudad tiene un estadio de futbol americano enorme.

stage   *escenario*
I would like to sit near the stage.
Me gustaría sentarme cerca del escenario.

stain   *mancha*
A grease stain can't be removed easily.
Una mancha de grasa no se quita fácilmente.

stairs   *escaleras*
In case of emergency always take the stairs, not the elevators.
En caso de emergencia siempre use las escaleras, no los ascensores.

stand up, to   *pararse, levantarse*
Stand up!
¡Párate!

star   *estrella*
Stars seem brighter by the sea.
Las estrellas parecen más brillantes cerca del mar.

start, to   *empezar, comenzar*
At what time does the show start?
¿A qué hora empieza el espectáculo?

state   *estado, condición*
Texas is the largest state in the union.
Texas es el estado más grande de la unión.

state, to   *declarar*
He stated that he knew nothing about the crime.
Declaró que no sabía nada del crimen.

station   *estación*
The police station is near the train station.
La estación de policía está cerca de la estación de trenes.

stay, to   *quedarse*
I will stay here while you go to the store.
Me quedaré aquí mientras tú vas a la tienda.

steal, to   *robar*
It's better to earn money than to steal it.
Es mejor ganar dinero que robarlo.

steep   *empinado/-a*
The house is on a very steep street.
La casa está en una calle muy empinada.

stew   *cocido*
This stew is very tasty.
Este cocido está muy sabroso.

still   *quieto/-a/todavía, aún/alambique*
Stay still; the alcohol is still in the still.
Quédate quieto; el alcohol todavía está en el alambique.

stir, to   *revolver*
The recipe says to stir constantly over low heat.
La receta dice que hay que revolver constantemente sobre fuego lento.

stitch   *costura, punto de sutura*
My dress needs some stitches.
Mi vestido necesita algunas costuras.

stone   *piedra*
Buildings made of stone are more solid.
Los edificios hechos de piedra son más sólidos.

stop   *alto*
A red light means stop.
Una luz roja significa alto.

stop, to   *parar, detener, cesar*
The bus stops at the corner.
El autobús para en la esquina.

storage room   *bodega*
I keep the vacuum cleaner in the storage room.
Guardo la aspiradora en la bodega.

store   *tienda*
Where is the nearest grocery store?
¿Dónde está la tienda de abarrotes más cercana?

storm   *tormenta*
A storm is coming.
Se acerca una tormenta.

story   *cuento*
Do you want me to tell you a story?
¿Quieres que te cuente un cuento?

stove   *estufa*
Does the apartment have a stove?
¿Tiene estufa el departamento?

straight (ahead)   *derecho, recto/-a*
If you walk straight ahead, you will find the address you are
   looking for.
Si caminas derecho, encontrarás la dirección que estás buscando.

strange   *extraño/-a*
Last night, I heard a strange noise.
Anoche oí un ruido extraño.

stream   *arroyo*
It is nice to walk by the stream.
Es agradable caminar junto al arroyo.

street   *calle*
It is better to walk on the shady side of the street.
Es mejor caminar por el lado sombreado de la calle.

street lamp   *farol*
The light from the street lamps blocks out the star light.
La luz de los faroles no deja ver la luz de las estrellas.

strength   *fuerza*
There is strength in unity.
En la unión está la fuerza.

strong   *fuerte, robusto*
In general it's better to be smart than to be strong.
En general es mejor ser listo que ser fuerte.

stubborn   *tenaz, terco/-a, testarudo/-a*
In the end, stubborn people reach their goals.
Al final, las personas tenaces alcanzan sus metas.

student   *estudiante, alumno/-a*
I'm an engineering student.
Soy estudiante de ingeniería.

study   *estudio*
Your computer is in my study.
Tu computadora está en mi estudio.

study, to   *estudiar*
I have to study for my exams.
Tengo que estudiar para mis exámenes.

stumble, to   *tropezar(se)*
I stumbled on a stone on the road.
Me tropecé con una piedra en el camino.

stupid   *estúpido/-a*
Don't be stupid.
No seas estúpido.

struggle   *lucha, refriega*
Sometimes life can be a struggle.
A veces la vida puede ser una lucha.

subject   *tema, sujeto, súbdito*
Politics and religion are touchy subjects.
La política y la religión son temas delicados.

subway   *metro*
You can get to the airport by subway.
Se puede llegar al aeropuerto en metro.

success   *éxito*
The excursion was a success.
La excursión fue un éxito.

successful   *exitoso/-a*
Joe is a successful lawyer.
Joe es un abogado exitoso.

suffer, to   *sufrir, padecer*
He suffered a contusion when he fell.
Sufrió una contusión al caer.

suggest, to   *sugerir*
I suggest you don't pack too much.
Te sugiero que no empaques demasiado.

suggestion   *sugerencia*
May I make a suggestion?
¿Puedo hacerte una sugerencia?

suitcase   *maleta, valija*
My suitcase is full of presents for my family.
Mi maleta está llena de regalos para mi familia.

summit   *cumbre*
The mountain summit is above the clouds.
La cumbre de la montaña está sobre las nubes.

sun   *sol*
Many ancient civilizations worshipped the sun.
Muchas civilizaciones antiguas adoraban al sol.

sunbathe, to   *tomar el sol, asolearse*
It is bad for the skin to sunbathe for a long time.
Es malo para la piel tomar el sol por mucho tiempo.

sunny   *soleado/-a*
I like sunny days.
Me gustan los días soleados.

supernatural   *sobrenatural*
Do you believe in supernatural phenomena?
¿Crees en los fenómenos sobrenaturales?

surcharge   *recargo, cargo extra*
If you do not pay on time there will be surcharges.
Si no pagas puntualmente habrá recargos.

surprise   *sorpresa*
This trip has been full of surprises.
Este viaje ha estado lleno de sorpresas.

surprise, to   *sorprender*
I surprised Ron with a gift.
Sorprendí a Ron con un regalo.

suspicious   *sospechoso/-a*
Beware of suspicious types.
Cuidado con los tipos sospechosos.

swallow, to   *tragar*
Chew well before swallowing so you don't choke.
Mastica bien antes de tragar para que no te atragantes.

swear, to   *jurar*
Never swear in vain.
Nunca jures en vano.

swear word   *grosería*
Using swear words is bad manners.
Es de mala educación decir groserías.

sweat, to   *sudar*
When I exercise I sweat.
Cuando hago ejercicio sudo.

sweet   *dulce*
Alice is very sweet.
Alice es muy dulce.

swim, to   *nadar*
Swimming in the sea at night is dangerous.
Nadar de noche en el mar es peligroso.

switch   *interruptor*
Where's the light switch for the bathroom?
¿Dónde está el interruptor de luz del baño?

synthetic   *sintético/-a*
My uncle never uses synthetic fertilizers in his vegetable garden.
Mi tío nunca usa fertilizantes sintéticos en su huerta.

system   *sistema*
The vegetable garden is only a hobby; in fact my uncle is a systems analyst.
La huerta es sólo un pasatiempo; en realidad mi tío es analista de sistemas.

T

table   *mesa*
Let's sit at the table for dinner.
Sentémonos a la mesa para cenar.

tablecloth   *mantel*
The table looks better with a tablecloth.
La mesa se ve más mejor con mantel.

tag   *etiqueta*
The price is on the tag.
El precio está en la etiqueta.

tailor   *sastre*
Do you know a tailor who can fix these pants for me?
¿Conoces un sastre que me pueda arreglar estos pantalones?

take, to   *llevar, coger, tomar*
Take an umbrella in case it rains.
Lleva un paraguas en caso de que llueva.

take a bath, to   *bañarse*
I take a bath every day.
Me baño todos los días.

take a shower, to   *ducharse*
It is very necessary to take a shower in the morning.
Es muy necesario ducharse por la mañana.

take a walk, to   *pasear*
Do you want to take a walk in the park?
¿Quieres ir a pasear por el parque?

take advantage of, to   *aprovechar(se)*
I want to take advantage of the light to take some pictures.
Quiero aprovechar la luz para tomar unas fotos.

take care of, to   *cuidar, atender*
A good doctor takes care of his patients.
Un buen médico atiende a sus pacientes.

take long, to   *tardar(se)*
If we take too long we won't get there on time.
Si tardamos mucho no llegaremos a tiempo.

take out, to   *sacar*
I need to take out this bottle's cork.
Necesito sacar el corcho de esta botella.

talk, to   *hablar*
I need to talk to you.
Necesito hablar contigo.

tall   *alto/-a*
What a tall mountain!
¡Qué montaña tan alta!

tame   *manso/-a*
If we go horseback riding I want a tame horse.
Si vamos a montar a caballo quiero un caballo manso.

tangle, to   *enredar(se), embrollar(se)*
Read the manual before you tangle with the repairs.
Lee el manual antes de enredarte con las reparaciones.

tape   *cinta*
I need a piece of adhesive tape.
Necesito un pedazo de cinta adhesiva.

taste   *sabor, gusto*
I have a bad taste in my mouth.
Tengo un mal sabor en la boca.

taste, to   *probar (sabores)*
I want to taste all the dishes.
Quiero probar todos los platillos.

tasty   *rico/-a, sabroso/-a*
Southern food is very tasty.
La comida sureña es muy rica.

tax   *impuesto*
Everyone has to pay taxes.
Todo el mundo tiene que pagar impuestos.

taxi   *taxi*
Can you call me a taxi?
¿Me puede llamar un taxi?

teach, to   *enseñar*
Let me teach you how it's done.
Déjame enseñarte cómo se hace.

teacher   *profesor(a), maestro/-a*
What's your English teacher's name?
¿Cómo se llama tu profesor de inglés?

team   *equipo (de personas)*
The Boston Red Sox are a popular baseball team.
Los Medias Rojas de Boston son un equipo popular de beisbol.

teaspoon   *cucharita*
You stir coffee with a teaspoon.
El café se mezcla con una cucharita.

television (TV)   *.televisión*
In spite of so many channels, there is almost never anything
  to see on TV.
A pesar de tantos canales casi nunca hay nada que ver en la televisión.

tell, to   *decir, narrar, contar, indicar*
Can you tell me which train goes to New Jersey?
¿Puede decirme qué tren va a New Jersey?

temperature   *temperatura*
What's the expected high temperature for tomorrow?
¿Qué temperatura máxima se espera para mañana?

tenant   *inquilino/-a*
The tenants in this building are noisy.
Los inquilinos de este edificio son ruidosos.

tender   *tierno/-a*
Robert has a tender heart.
Robert tiene un corazón muy tierno.

terrace   *terraza*
Do you prefer a table on the terrace?
¿Prefieren una mesa en la terraza?

terrible   *terrible*
The consequences of global warming will be increasingly
  terrible.
Las consecuencias del calentamiento global serán cada vez más terribles.

test   *prueba*
I have a math test on Friday.
Tengo una prueba de matemáticas el viernes.

thank, to   *agradecer*
I thanked her for her kindness.
Le agradecí su amabilidad.

thank you   *gracias*
Thank you for your generous help.
Gracias por su generosa ayuda.

that, those   *ese/-a, esos/-as*
What is that?
¿Qué es eso?

theater   *teatro*
Do you want to go to the movies or to the theater tonight?
¿Quieres ir al cine o al teatro esta noche?

then   *entonces, luego*
We had dinner and then we went to the movies.
Cenamos y luego fuimos al cine.

there   *allí*
There's nothing to see there.
No hay nada que ver allí.

there is/are   *hay*
There is little time but there are a lot of things to do.
Hay poco tiempo pero hay muchas cosas que hacer.

therefore   *por eso*
I got lost; therefore I was late.
Me perdí; por eso llegué tarde.

thick   *espeso/-a*
I like thick soups.
Me gustan las sopas espesas.

thief   *ladrón(a)*
The police caught the thief.
La policía atrapó al ladrón.

thin   *delgado/-a*
Some girls starve themselves to be thin.
Algunas chicas se matan de hambre para estar delgadas.

thing   *cosa*
Do they sell many things at the handcraft market?
¿Venden muchas cosas en el mercado de artesanía?

think, to   *pensar*
What are you thinking about?
¿En qué piensas?

thirst   *sed*
I am thirsty.
Tengo sed.

this, these   *este/-a, estos/-as*
This is the book I was looking for.
Este es el libro que yo estaba buscando.

thread   *hilo*
I do not have enough thread to sew this skirt.
No tengo suficiente hilo para coser esta falda.

threat   *amenaza*
Currently there are many threats to life on this planet.
Actualmente hay muchas amenazas para la vida en este planeta.

throw (away), to   *tirar*
Don't throw away the instructions, you might need them.
No tires a la basura las instrucciones, puedes necesitarlas.

thunder   *trueno*
That thunder is announcing a storm.
Esos truenos anuncian una tormenta.

thus   *así*
Look, it's better to do it thus.
Mira, es mejor hacerlo así.

ticket   *boleto, billete*
I will buy the tickets for the opera tomorrow morning.
Compraré los boletos para la opera mañana en la mañana.

tide   *marea*
Swimming in the sea when the tide is high can be risky.
Nadar en el mar cuando la marea está alta puede ser riesgoso.

tidy   *ordenado/-a*
The room is very tidy.
El cuarto está muy ordenado.

tie, to   *atar, anudar, amarrar*
Do you know how to tie a bow tie?
¿Sabes como anudar una corbata de moño?

tight   *apretado/-a*
These shoes feel very tight.
Estos zapatos se sienten muy apretados.

time   *tiempo, vez*
In general, people eat three times a day.
Generalmente, se come tres veces al día.

tin can   *lata*
Fresh soup is better than soup from a tin can.
La sopa fresca es mejor que la sopa de lata.

tip   *propina*
The tip is usually fifteen percent.
La propina suele ser el quince por ciento.

tire   *llanta, neumático*
We need to put air in the tires.
Necesitamos ponerle aire a las llantas.

tired   *cansado/-a, fatigado/-a*
I am very tired.
Estoy muy cansado.

to   *a*
Let's go to the beach.
Vamos a la playa.

toast   *brindis, pan tostado*
I want to make a toast.
Quiero hacer un brindis.

tobacco   *tabaco*
In many places smoking tobacco is prohibited.
En muchas partes fumar tabaco está prohibido.

together   *junto/-a(s)*
All of us want to sit together.
Queremos sentarnos todos juntos.

toilet   *inodoro*
The toilet is in the back to the right.
El inodoro está al fondo a la derecha.

toilet bowl   *retrete, taza del baño*
That toilet bowl needs to be sanitized.
Se necesita desinfectar ese retrete.

toilet paper   *papel higiénico*
We need to buy toilet paper.
Necesitamos comprar papel higiénico.

too   *también*
I love you and I hope you love me too.
Te amo y espero que tú también me ames.

too much   *demasiado/-a*
I don't like to drink too much.
No me gusta beber demasiado.

tool   *herramienta*
Put away the tools when you have finished the job.
Guarda las herramientas cuando hayas terminado el trabajo.

toothbrush   *cepillo de dientes*
I need to buy a toothbrush.
Necesito comprar un cepillo de dientes.

toothpaste   *dentífrico*
Where can I get toothpaste?
¿Dónde puedo conseguir dentífrico?

toothpick   *palillo*
I think I need a toothpick.
Creo que necesito un palillo.

touch, to   *tocar*
Don't touch anything.
No toques nada.

tour   *gira, recorrido*
We went on a tour of the whole country.
Fuimos de gira por todo el país.

tourist   *turista, turístico/-a*
I prefer to avoid tourist attractions.
Prefiero evitar los lugares turísticos.

toward   *hacia*
Continue walking toward the train station and you will find
    the hotel.
Siga caminando hacia la estación de trenes y encontrará el hotel.

towel   *toalla*
I would like some clean towels, please.
Quisiera unas toallas limpias, por favor.

tower   *torre*
You can't go up the cathedral's towers.
No se puede subir a las torres de la catedral.

town *pueblo*
This town is very picturesque.
Este pueblo es muy pintoresco.

town square *plaza*
The crowd gathered in the town square.
La multitud se reunió en la plaza.

toy *juguete*
Hand-made toys are generally prettier.
Los juguetes hechos a mano son generalmente más bonitos.

trade *oficio, comercio, intercambio*
Manny is a carpenter by trade.
Manny es un carpintero de oficio.

traffic *tráfico*
The main problem is that drug traffic is a very good business.
El problema principal es que el tráfico de drogas es muy buen negocio.

traffic jam *embotellamiento*
Traffic jams are very frequent in the city.
Los embotellamientos son muy frecuentes en la ciudad.

traffic light *semáforo*
Respect the traffic lights if you don't want to have an accident.
Respeta los semáforos si no quieres tener un accidente.

train *tren*
I would rather travel by train than by plane.
Prefiero viajar en tren que en avión.

train car *vagón (de tren)*
All the seats in the train car were taken.
Todos los asientos del vagón estaban ocupados.

train platform *andén*
The passengers wait for the train on the platform.
Los pasajeros esperan el tren en el andén.

train, to *entrenar(se)*
You need to train every day if you want to improve.
Necesitas entrenarte a diario si quieres mejorar.

training *entrenamiento, adiestramiento*
Firemen have a lot of training in first aid.
Los bomberos tienen mucho entrenamiento en primeros auxilios.

translate, to   *traducir*
Please translate that sign over there for me.
Por favor tradúceme aquel anuncio.

translator   *traductor(a)*
Do you think that we will need a professional translator?
¿Crees que necesitaremos un traductor profesional?

transport   *transporte*
The train is my favorite means of transport.
El tren es mi medio de transporte favorito.

trash   *basura, porquería*
This trash should go in the trash.
Esta porquería debería ir a la basura.

trash bin/can   *basurero, cesto de basura*
The trash goes in the trash can.
La basura va al basurero.

travel agency   *agencia de viajes*
Do you know where the nearest travel agency is?
¿Sabe dónde está la agencia de viajes más cercana?

travel agent   *agente de viajes*
We need a good travel agent.
Necesitamos un buen agente de viajes.

travel, to   *viajar*
I love to travel by train.
Me encanta viajar en tren.

traveler   *viajero/-a*
There are many travelers this time of year.
Hay muchos viajeros en esta época del año.

traveler's check   *cheque de viajero*
It is safer to travel with traveler's checks.
Es más seguro viajar con cheques de viajero.

tray   *bandeja*
They served us breakfast on silver trays.
Nos sirvieron el desayuno en bandejas de plata.

treason   *traición*
In the army, the penalty for treason is death.
En el ejército, el castigo por traición es la muerte.

treasure   *tesoro*
There must still be pirate treasures at the bottom of the
Caribbean.
Todavía debe de haber tesoros de piratas en el fondo del Caribe.

tree   *árbol*
I want to rest under the shade of a tree.
Quiero descansar a la sombra de un árbol.

trip   *viaje*
Is it a business trip or a vacation?
¿Es un viaje de negocios o una vacación?

truck   *camión*
The fire truck will soon be here.
El camión de bomberos está por llegar.

true   *cierto/-a, verdadero/-a*
That is not true!
¡Eso no es cierto!

trust   *confianza*
You have gained my trust.
Te has ganado mi confianza.

trustful   *confiado/-a*
One shouldn't be too trustful.
No debes ser demasiado confiado.

truth   *verdad*
Tell me the truth.
Dime la verdad.

truthful   *veraz*
In business like in love it's better to be truthful.
En los negocios como en el amor es mejor ser veraz.

try on, to   *probarse*
Can I try on this dress?
¿Puedo probarme este vestido?

try to, to   *tratar de*
You must try to be on time next time.
Debes de tratar de llegar a tiempo la próxima vez.

try, to   *intentar, probar*
Try the soup; it's delicious.
Prueba la sopa; está deliciosa.

T-shirt   *camiseta*
I wear a T-shirt at the beach.
Uso camiseta en la playa.

tub   *tina*
Bathrooms don't always have a tub.
Los baños no siempre tienen una tina.

tune   *melodía*
That song has a tune I can't get out of my head.
Esa canción tiene una melodía que no me puedo sacar de la cabeza.

tunnel   *túnel*
Long tunnels scare me.
Me asustan los túneles muy largos.

turn, to   *dar vuelta*
Turn here.
Da vuelta aquí.

turn off, to   *apagar*
Please, turn off the radio.
Por favor, apaga el radio.

turn on, to   *encender*
May I turn on the light?
¿Puedo encender la luz?

tweezers   *pinzas*
I need tweezers to get this splinter out.
Necesito unas pinzas para sacarme esta astilla.

twice   *dos veces*
I tried calling you twice this afternoon.
Traté de llamarte dos veces esta tarde.

twist, to   *torcer(se)*
I fell down and twisted my arm.
Me caí y me torcí el brazo.

type   *tipo*
What's your blood type?
¿Cuál es tu tipo de sangre?

typical   *típico/-a*
This weather is not typical for the season.
Este clima no es típico de la estación.

U

ugly   *feo/-a*
Some people think modern art is ugly.
Algunos piensan que el arte moderno es feo.

umbrella   *paraguas*
Do you think we should take an umbrella?
¿Crees que debamos llevar un paraguas?

unable   *incapaz*
We were unable to reach the mountain summit.
Fuimos incapaces de alcanzar la cima de la montaña.

uncertain   *incierto/-a*
The election results are still uncertain.
Los resultados de las elecciones son inciertos todavía.

uncomfortable   *incómodo/-a*
Air travel can be very uncomfortable.
Viajar en avión puede ser muy incómodo.

uncover, to   *descubrir, destapar*
The investigation uncovered many irregularities.
La investigación descubrió muchas irregularidades.

undecided   *indeciso/-a*
He lost a good opportunity for being undecided.
Perdió una buena oportunidad por ser indeciso.

under   *debajo (de)*
The cat is hidden under the table.
El gato está escondido debajo de la mesa.

understand, to   *entender, comprender*
I don't understand what you are saying.
No entiendo lo que estás diciendo.

underwear   *ropa interior*
Don't forget to pack enough underwear.
No olvides empacar suficiente ropa interior.

unemployed   *desempleado/-a*
My husband has been unemployed since May.
Mi esposo ha estado desempleado desde mayo.

unexpected   *imprevisto/-a*
You should be prepared for unexpected situations.
Deben estar preparados para las situaciones imprevistas.

unfair   *injusto/-a*
Life can seem unfair sometimes.
La vida puede parecer injusta a veces.

unfaithful   *infiel*
Being unfaithful always brings bad consequences.
Ser infiel siempre trae malas consecuencias.

unfortunately   *desafortunadamente*
Unfortunately, I can't go with you.
Desafortunadamente, no los puedo acompañar.

unfriendly   *antipático/-a*
The waiter who served us was very unfriendly.
El mesero que nos atendió era muy antipático.

ungrateful   *ingrato/-a*
One shouldn't be ungrateful.
No hay que ser ingrato.

unhappy   *descontento/-a, infeliz*
My wife is unhappy with the hotel room.
Mi esposa está descontenta con la habitación del hotel.

unhealthy   *malsano/-a*
Pollution creates an unhealthy environment.
La contaminación crea un ambiente malsano.

uniform   *uniforme*
The bureaucrats' uniform is a suit and a tie.
El uniforme de los burócratas es un traje y una corbata.

unique   *único/-a*
This is a unique opportunity.
Esta es una oportunidad única.

university   *universidad*
I'm studying English at the university.
Estoy estudiando inglés en la universidad.

unknown   *desconocido/-a*
Don't fear the unknown.
No temas a lo desconocido.

unpack, to   *desempacar*
I want to unpack before going out to dinner.
Quiero desempacar antes de salir a cenar.

unpleasant   *desagradable*
This place has an unpleasant odor.
Este lugar tiene un olor desagradable.

unplug, to   *desconectar, desenchufar*
Unplug the iron before leaving.
Desconecta la plancha antes de salir.

unsafe   *inseguro/-a*
This is an unsafe neighborhood at night.
Este es un barrio inseguro por la noche.

until   *hasta*
I waited for you until eight o'clock at night.
Te esperé hasta las ocho de la noche.

unworthy   *indigno/-a*
I feel unworthy of so much attention.
Me siento indigno de tantas atenciones.

up   *arriba*
Look up.
Mira hacia arriba.

upset, to   *afectar*
The bad news upset me a lot.
Las malas noticias me afectaron mucho.

urgent(ly)   *urgente(mente)*
Finding a solution to the problem of pollution is urgent.
Es urgente encontrar una solución al problema de la contaminación.

use, to   *usar*
May I use your bathroom?
¿Puedo usar su baño?

useful   *útil*
Knowing English is very useful.
Saber hablar inglés es muy útil.

useless   *inútil*
It's useless to insist.
Es inútil insistir.

utensils   *utensilios*
We forgot to bring utensils so we will have to eat with our
fingers.
*Olvidamos traer utensilios así es que tendremos que comer con los
dedos.*

V

vacant   *vacante*
We didn't find any vacant seats.
No encontramos ningún asiento vacante.

vain   *vanidoso/-a*
Vain people like looking at themselves in the mirror.
A las personas vanidosas les gusta mirarse en el espejo.

valley   *valle*
From this lookout you can see the whole valley.
Desde este mirador se puede ver todo el valle.

valuable   *valioso/-a*
Don't bring anything valuable.
No traigas nada valioso.

value   *valor*
Moral values are important.
Los valores morales son importantes.

variety   *variedad*
My uncle grows several tomato varieties in his vegetable garden.
Mi tío cultiva varias variedades de tomates en su huerta.

vary, to   *variar*
The price of currency varies according to the market.
El precio de la moneda varía según el mercado.

vegetable garden   *huerta*
These tomatoes are from my uncle's vegetable garden.
Estos tomates son de la huerta de mi tío.

vegetarian   *vegetariano/-a*
I am a vegetarian.
Soy vegetariano.

vehicle   *vehículo*
We need a fast vehicle to get there quickly.
Necesitamos un vehículo rápido para llegar pronto.

verify, to   *verificar*
Immigration agents are there to verify travelers' identities.
Los agentes de inmigración están ahí para verificar la identidad de los viajeros.

very (well)   *muy (bien)*
I'm very well, thank you.
Estoy muy bien, gracias.

video recorder   *videograbadora*
I forgot my video recorder at home.
Olvidé mi videograbadora en casa.

video game   *videojuego*
Video games are very popular these days.
Los video juegos son muy populares hoy en día.

view   *vista*
From my window I have a beautiful view.
Desde mi ventana tengo una vista hermosa.

violence   *violencia*
Drug traffic generates a lot of violence on both sides of the border.
El tráfico de drogas genera mucha violencia en ambos lados de la frontera.

virus   *virus*
There isn't an effective cure against viruses.
No hay una cura efectiva contra los virus.

visa   *visa*
I'm in the U.S. with a student visa.
Estoy en los EE.UU. con una visa de estudiante.

visit, to   *visitar*
I plan to visit you again soon.
Planeo visitarlos otra vez pronto.

voice   *voz*
Can you hear my voice?
¿Puedes oír mi voz?

W

wage   *salario, sueldo*
Minimum wage is often insufficient to cover basic needs.
Muchas veces el salario mínimo es insuficiente para cubrir las necesidades básicas.

wait, to   *esperar*
I will wait for you in front of the church.
Te voy a esperar frente a la iglesia.

waiter/waitress   *mesero/-a, camarero/-a*
Waiter, the check please.
Camarero, la cuenta por favor.

waiting room   *sala de espera*
Please wait in the waiting room.
Por favor espere en la sala de espera.

wake up, to   *despertar(se)*
He can't wake up on time without the alarm clock.
No se puede despertar a tiempo sin el despertador.

walk   *paseo, caminata*
I feel like going for a walk.
Tengo ganas de dar un paseo.

walk, to   *caminar, andar*
I would like to walk around downtown.
Me gustaría caminar por el centro de la ciudad.

wall   *pared*
Ghosts can walk through walls.
Los fantasmas pueden caminar a través de las paredes.

wallet   *billetera*
Somebody stole my wallet.
Alguien me robó mi billetera.

want, to   *querer*
I want to go home.
Quiero ir a casa.

war   *guerra*
In a war, nobody wins.
Nadie gana en una guerra.

wardrobe   *ropero, guardarropa*
You may put your clothes in the wardrobe.
Puedes poner tu ropa en el guardarropa.

warm, to   *calentar(se)*
You can warm up near the chimney.
Te puedes calentar cerca de la chimenea.

warn, to   *advertir, avisar*
I warned him not to do it.
Le advertí que no lo hiciera.

warning   *aviso*
We must heed the warnings.
Debemos hacer caso de los avisos.

wash, to   *lavar(se)*
It's important to wash one's hands before eating.
Lavarse las manos antes de comer es importante.

washing machine   *lavadora*
Does the apartment have a washing machine?
¿Tiene lavadora el apartamento?

waste, to   *desperdiciar*
Don't waste your energy on useless things.
No desperdicies tu energía en cosas vanas.

watch   *reloj (de pulsera)*
I arrived late because my watch is broken.
Llegué tarde porque mi reloj está descompuesto.

watch, to   *mirar, ver*
I don't like to watch television.
No me gusta ver la televisión.

water bottle   *cantimplora*
It's important to take a water bottle to the excursion.
Es importante llevar una cantimplora a la excursión.

wave   *ola*
The waves on the Pacific are better for surfing.
Las olas en el pacífico son mejores para surfear.

way   *camino/manera, modo*
What's the best way to get to the museum?
¿Cuál es la mejor manera de llegar al museo?

weak   *débil*
I still feel weak after the illness I had.
Todavía me siento débil después de la enfermedad que tuve.

wealth   *riqueza*
Wealth in this country is as evident as poverty.
La riqueza en este país es tan evidente como la pobreza.

wear, to   *llevar puesto, usar*
Why are you wearing that ridiculous hat?
¿Por qué llevas puesto ese ridículo sombrero?

weariness   *cansancio*
He felt great weariness after walking all day.
Sentía gran cansancio después de caminar todo el día.

web page   *página electrónica*
I have a personal web page.
Tengo una página electrónica personal.

wedding   *boda*
The wedding will be at the church.
La boda será en la iglesia.

weekend   *fin de semana*
What are your plans for the weekend?
¿Qué planes tienes para el fin de semana?

weigh, to   *pesar*
How much do you weigh?
¿Cuánto pesas?

weight   *·peso*
Do you sell it by weight or by count?
¿Se vende por peso o por pieza?

weird   *raro/-a, extraño/-a*
This dish is a little weird but it tastes delicious.
Este platillo es un poco extraño pero sabe delicioso.

welcome   *bienvenido/-a*
Welcome to our house!
¡Bienvenidos a nuestra casa!

well   *pozo*
It's like throwing a coin in the wishing well.
Es como echar una moneda al pozo de los deseos.

well (done)   *bien (hecho)*
This is a job well done.
Este es un trabajo bien hecho.

well-being   *bienestar*
Health is important for a person's well-being.
La salud es importante para el bienestar de una persona.

west   *oeste*
Christopher Columbus wanted to reach India by sailing west.
Cristóbal Colón quería llegar a la India navegando hacia el oeste.

wet   *mojado/-a*
Be careful: the floor is wet.
Ten cuidado: el piso está mojado.

wheel   *rueda*
Suitcases with wheels are more practical.
Las maletas con ruedas son más prácticas.

while   *mientras*
What can we do while we wait?
¿Qué podemos hacer mientras esperamos?

whim   *capricho*
I came to New York on a whim.
Vine a Nueva York por capricho.

whistle, to   *chiflar, pitar*
I like to whistle while I work.
Me gusta chiflar mientras trabajo.

wide   *ancho/-a*
The Mississippi River is very wide.
El río Mississippi es muy ancho.

will   *voluntad*
If you have the will to do it, you will.
Si tienes la voluntad de hacerlo, lo harás.

win, to   *ganar*
What would you do if you won the lottery?
¿Qué harías si ganaras la lotería?

wind   *viento*
The wind is blowing hard.
El viento está soplando fuertemente.

window   *ventana*
Close the window please.
Cierra la ventana por favor.

windshield   *parabrisas*
It's safer to drive with a clean windshield.
Es más seguro conducir con un parabrisas limpio.

wineglass   *copa*
Wine should be served in a wineglass.
El vino debe servirse en una copa.

winner   *ganador(a)*
Who is the contest winner?
¿Quién es ganador del concurso?

wireless connection   *conexión inalámbrica*
Is there a wireless connection in the room?
¿Hay una conexión inalámbrica en la habitación?

wish   *deseo*
Make a wish when you see the first star.
Pide un deseo cuando veas la primera estrella.

wish, to   *desear, pedir un deseo*
I wish to have a house on the beach.
Deseo tener una casa en la playa.

witch/wizard   *bruja/-o*
Wizards and witches exist only in fairy tales.
Los brujos y las brujas sólo existen en los cuentos de hadas.

with (pleasure)   *con (gusto)*
Do you want to go to the movies with Isabel and me? With
   pleasure!
¿Quieres ir al cine con Isabel y conmigo? ¡Con gusto!

without   *sin*
I don't want to go without you.
No quiero ir sin ti.

witness   *testigo*
The police questioned the accident's witnesses.
La policía interrogó a los testigos del accidente.

woman   *mujer*
Eve was the first woman according to the Bible.
Eva fue la primera mujer según la Biblia.

wonderful   *maravilloso/-a*
It's a wonderful world.
Es un mundo maravilloso.

wood   *madera, bosque*
Toys made of wood are more expensive.
Los juguetes de madera son más caros.

wool   *lana*
Here you don't need a wool coat.
Aquí no se necesita un abrigo de lana.

word   *palabra*
These are the most useful words in English.
Estas son las palabras más útiles en inglés.

word processor   *procesador de palabras*
I can no longer imagine life without word processors.
Ya no puedo imaginar la vida sin los procesadores de palabras.

work   *obra, trabajo*
This painting is a work of art.
Esta pintura es una obra de arte.

work, to   *trabajar*
Where do you work?
¿Dónde trabajas?

work as, to   *dedicarse a*
Andrew works as a carpenter.
Andrew se dedica a la carpintería.

worker   *obrero*
The workers declared a general strike that paralyzed the country.
Los obreros declararon una huelga general que paralizó al país.

world   *mundo*
It's a small world.
El mundo es muy pequeño.

worn   *usado/-a*
These shoes are very comfortable because they're very worn.
Estos zapatos son muy cómodos porque están muy usados.

worry, to   *preocupar(se)*
There's nothing to worry about.
No hay de qué preocuparse.

worse   *peor*
Today I feel worse than yesterday.
Hoy me siento peor que ayer.

wrap, to   *envolver*
Do not forget to wrap the gifts.
No se te olvide envolver los regalos.

wrestling   *lucha libre*
Wrestling is very popular in many Latin American countries.
La lucha libre es un muy popular en muchos países de Latinoamérica.

write, to   *escribir*
Write to me often, please.
Escríbeme seguido, por favor.

writer   *escritor(a)*
Who is your favorite fiction writer?
¿Quién es tu escritor de ficción favorito?

wrong   *equivocado/-a*
I am afraid they gave you the wrong information.
Me temo que les dieron la información equivocada.

Y

yard   *jardín*
Does your house have a yard?
¿Tiene jardín tu casa?

yes   *sí*
Yes, you're right.
Sí, tienes razón.

yet   *todavía, aún*
I'm not ready yet.
No estoy listo todavía.

young   *joven*
Besides, I'm still very young.
Además, todavía soy muy joven.

young man   *joven, muchacho*
That young man over there is Michael, her boyfriend.
Aquel muchacho es Michael, su novio.

youth   *juventud*
Sometimes one does not appreciate youth until one becomes old.
Uno a veces no aprecia la juventud hasta que llega a viejo.

Z

zipper   *cremallera, cierre*
I prefer buttons rather than zippers.
Prefiero los botones a las cremalleras.

zone   *zona*
This archeological zone isn't fully studied yet.
Esta zona arqueológica todavía no está totalmente estudiada.

zoo   *zoológico*
Do you want to visit the zoo?
¿Quieres visitar el zoológico?

Palabras por categorías

NUMBERS	NÚMEROS
zero	*cero*
one	*uno*
two	*dos*
three	*tres*
four	*cuatro*
five	*cinco*
six	*seis*
seven	*siete*
eight	*ocho*
nine	*nueve*
ten	*diez*
eleven	*once*
twelve	*doce*
thirteen	*trece*
fourteen	*catorce*
fifteen	*quince*
sixteen	*dieciséis*
seventeen	*diecisiete*
eighteen	*dieciocho*

nineteen	*diecinueve*
twenty	*veinte*
twenty-one	*veintiuno*
twenty-two	*veintidós*
thirty	*treinta*
thirty-one	*treinta y uno*
thirty-two	*treinta y dos*
forty	*cuarenta*
fifty	*cincuenta*
sixty	*sesenta*
seventy	*setenta*
eighty	*ochenta*
ninety	*noventa*
one hundred	*cien*
one hundred one	*ciento uno*
one hundred two	*ciento dos*
two hundred	*doscientos*
three hundred	*trescientos*
four hundred	*cuatrocientos*
five hundred	*quinientos*
six hundred	*seiscientos*
seven hundred	*setecientos*
eight hundred	*ochocientos*
nine hundred	*novecientos*
one thousand	*mil*
two thousand	*dos mil*

one hundred thousand	*cien mil*
million	*millón*

QUESTION WORDS	*PALABRAS INTERROGATIVAS*
how many?	*¿cuántos/-as?*
how much?	*¿cuánto?*
how?	*¿cómo?*
when?	*¿cuándo?*
where?	*¿dónde?*
which?	*¿cuál(es)?*
why?	*¿por qué?*

TIME	*TIEMPO*
afternoon	*tarde (PM)*
evening	*noche*
hour	*hora*
last night	*anoche*
late	*tarde*
midnight	*medianoche*
morning	*mañana (AM)*
noon	*mediodía*
today	*hoy*
tomorrow	*mañana*
year	*año*
yesterday	*ayer*
(next) week	*semana (próxima)*

DAYS OF THE WEEK	*LOS DÍAS DE LA SEMANA*
Monday	*lunes*
Tuesday	*martes*
Wednesday	*miércoles*
Thursday	*jueves*
Friday	*viernes*
Saturday	*sábado*
Sunday	*domingo*

MONTHS OF THE YEAR	*LOS MESES DEL AÑO*
January	*enero*
February	*febrero*
March	*marzo*
April	*abril*
May	*mayo*
June	*junio*
July	*julio*
August	*agosto*
September	*septiembre*
October	*octubre*
November	*noviembre*
December	*diciembre*

THE SEASONS	*LAS ESTACIONES*
spring	*primavera*
summer	*verano*
autumn	*otoño*
winter	*invierno*

COLORS

COLORS	COLORES
black	*negro*
(light, dark) blue	*azul (claro, oscuro)*
brown	*café, castaño, marrón*
green	*verde*
grey	*gris*
orange	*anaranjado*
pink	*rosa*
purple	*morado*
red	*rojo*
white	*blanco*
yellow	*amarillo*

FAMILY MEMBERS

FAMILY MEMBERS	PARIENTES Y FAMILIARES
aunt	*tía*
brother	*hermano*
brother-in-law	*cuñado*
cousin	*primo/-a*
daughter	*hija*
daughter-in-law	*nuera*
father	*padre*
father-in-law	*suegro*
godfather	*padrino*
godmother	*madrina*
granddaughter	*nieta*
grandfather	*abuelo*

grandmother	*abuela*
grandson	*nieto*
husband	*esposo*
mother	*madre*
mother-in-law	*suegra*
nephew	*sobrino*
niece	*sobrina*
sister	*hermana*
sister-in-law	*cuñada*
son	*hijo*
son-in-law	*yerno*
spouse	*esposo/-a*
uncle	*tío*
wife	*esposa*

BODY PARTS	***PARTES DEL CUERPO***
ankle	*tobillo*
arm	*brazo*
back	*espalda*
beard	*barba*
belly	*panza*
blood	*sangre*
bone	*hueso*
brain	*cerebro*
buttocks	*nalgas*

breast	*seno*
cheek	*mejilla*
chest	*pecho*
chin	*barbilla, mentón*
ear	*oreja*
elbow	*codo*
eye	*ojo*
eyebrow	*ceja*
face	*cara*
finger	*dedo*
foot	*pie*
forehead	*frente*
hair	*pelo*
hand	*mano*
head	*cabeza*
heart	*corazón*
heel	*talón*
hip	*cadera*
jaw	*mandíbula*
kidney	*riñón*
knee	*rodilla*
leg	*pierna*
lip	*labio*
lung	*pulmón*
moustache	*bigote*
mouth	*boca*

muscle	*músculo*
neck	*cuello*
nipple	*pezón*
nose	*nariz*
penis	*pene*
rib	*costilla*
shoulder	*hombro*
skin	*piel*
stomach	*estómago*
thigh	*muslo*
throat	*garganta*
toe	*dedo del pie*
tongue	*lengua*
tooth	*diente*
vagina	*vagina*
waist	*cintura*
wrist	*muñeca*

CLOTHES	*ROPA*
blouse	*blusa*
bra	*sostén*
briefs	*calzoncillos*
cap	*gorra*
dress	*vestido*
earring	*arete*
footwear	*calzado*

glove	*guante*
hat	*sombrero*
jacket	*saco, chaqueta*
necklace	*collar*
necktie	*corbata*
overcoat	*abrigo*
pocket	*bolsillo*
raincoat	*impermeable*
sandals	*sandalias*
scarf	*bufanda*
(tennis) shoes	*zapatos (tenis)*
skirt	*falda*
sock	*calcetín*
stockings	*medias*
(bathing) suit	*traje (de baño)*
underpants	*calzones*

FOOD	***ALIMENTOS***
Fruits & vegetables	***Frutas y verduras***
apple	*manzana*
apricot	*chabacano, albaricoque*
artichoke	*alcachofa*
asparagus	*espárrago*
avocado	*aguacate*
banana	*plátano/guineo*
beans	*habichuelas*

beans	*frijoles, habichuelas*
broccoli	*brócoli*
cabbage	*col*
carrot	*zanahoria*
cauliflower	*coliflor*
celery	*apio*
cherry	*cereza*
chickpea	*garbanzo*
chili pepper	*chile*
coconut	*coco*
cucumber	*pepino*
eggplant	*berenjena*
fig	*higo*
French fries	*papas/patatas fritas*
fruit	*fruta*
garlic	*ajo*
grape	*uva*
grapefruit	*toronja, pomelo*
green pepper	*pimiento verde*
lentils	*lentejas*
lettuce	*lechuga*
lime	*limón*
mashed potatoes	*puré de papa, de patatas*
mushroom	*champiñón, hongo*
olive	*aceituna*
onion	*cebolla*

orange	*naranja*
pea	*guisante*
peach	*durazno, melocotón*
pear	*pera*
pineapple	*piña*
plum	*ciruela*
potato	*papa/patata*
pumpkin	*calabaza*
purée	*puré*
radish	*rábano*
raisin	*pasa*
raspberry	*frambuesa*
spinach	*espinaca*
strawberry	*fresa, frutilla*
tangerine	*mandarina*
tomato	*tomate*
vegetable	*legumbre*
watermelon	*sandía*
zucchini	*calabacita*
Eggs & dairy	***Huevos y lácteos***
butter	*mantequilla*
cheese	*queso*
(whipped) cream	*crema, nata (batida, montada)*
(scrambled, fried) egg	*huevo (revuelto, frito)*
egg yolk	*yema*
ice cream	*helado*

(skim) milk	*leche (descremada)*
margarine	*margarina*
Meat & seafood	***Carnes y mariscos***
bacon	*tocino*
barbecue	*barbacoa*
barbecued steak	*churrasco*
beef	*carne de res*
breast	*pechuga*
chicken	*pollo*
clams	*almejas*
crab	*cangrejo*
cutlet	*chuleta*
diced pork meat	*carnitas*
grill	*parrilla*
haddock	*bacalao*
ham	*jamón*
hamburger	*hamburguesa*
lamb	*cordero*
lobster	*langosta*
meat	*carne*
meatballs	*albóndigas*
mutton	*carnero*
pepperoni	*salchichón*
pork (chop)	*cerdo (chuleta de)*
prawns	*langostinos*
sausage	*salchicha*

shrimp	*camarón*
squid	*calamares*
steak	*filete*
suckling pig	*lechón*
tuna	*atún*
veal	*ternera*
Other items	***Otras cosas***
almond	*almendra*
appetizer	*aperitivo*
boiled	*hervido/-a*
(sliced, whole-wheat) bread	*pan (de caja, integral)*
breaded	*empanizado/-a, empanado/-a*
(chicken) broth	*caldo (de pollo)*
cake	*pastel, torta*
cereal	*cereal*
chewing gum	*chicle, goma de mascar*
chocolate	*chocolate*
cinnamon	*canela*
cocoa	*cacao*
condiment	*condimento*
cookie	*galleta (dulce)*
corn	*maíz*
cracker	*galleta (salada)*
custard	*flan*
dessert	*postre*
dough	*masa*

egg white	*clara de huevo*
flour	*harina*
fried	*frito/-a*
fritter	*churro*
honey	*miel*
jam	*mermelada*
jelly	*jalea*
ketchup	*salsa de tomate*
lard	*manteca*
mayonnaise	*mayonesa*
mustard	*mostaza*
noodle	*tallarín*
noodles	*fideos*
oats	*avena*
(olive) oil	*aceite (de oliva)*
peanut	*cacahuate*
pepper	*pimienta*
peppermint	*menta*
(apple) pie	*tarta (de manzana)*
rice (pudding)	*arroz (con leche)*
roasted	*asado/-a*
(fruit) salad	*ensalada (de frutas)*
salt	*sal*
(cheese) sandwich	*emparedado, bocadillo (de queso)*
sauce	*salsa*
soup	*sopa*

spices	*especias*
sponge cake	*bizcocho*
starter	*entremés*
stew	*guisado*
sugar	*azúcar*
syrup	*almíbar*
vinegar	*vinagre*
walnut	*nuez*
wheat	*trigo*
Drinks, beverages	***Bebidas***
(bottled) beer	*cerveza (embotellada)*
coffee	*café*
drink	*trago*
juice	*jugo, zumo*
soft drink	*refresco, soda*
tea	*té*
(drinking, mineral) water	*agua (potable, mineral)*
(red, white) wine	*vino (tinto, blanco)*
MEALS	***LAS COMIDAS***
breakfast	*desayuno*
dinner, supper	*cena*
early/light supper	*merienda*
lunch	*almuerzo*
snack	*tentempié, merienda*

HEALTH	SALUD
allergy	*alergia*
Band-Aid	*curita, tirita*
bandage	*venda*
bleed, to	*sangrar*
blister	*ampolla*
bruise	*moretón*
(sun) burn	*quemadura (de sol)*
burning pain	*ardor*
cavity	*picadura de dientes, caries*
cold	*resfriado, catarro*
constipation	*estreñimiento*
cough	*tos*
cough syrup	*jarabe (para la tos)*
cough, to	*toser*
cramp	*retortijón, calambre*
cure	*curación*
cure, to	*curar*
diagnosis	*diagnóstico*
diarrhea	*diarrea*
discomfort	*malestar*
disease	*enfermedad*
dislocate, to	*dislocar*
doctor	*médico*
doctor's office	*consultorio médico*
dose	*dosis*

faint, to	*desmayarse*
fever	*fiebre*
first aid	*primeros auxilios*
flu	*gripe*
get sick, to	*enfermarse*
headache	*dolor de cabeza*
heal, to	*sanar, curar*
healthy	*saludable, sano*
heart attack	*infarto*
hemorrhage	*hemorragia*
hurt	*lastimado/-a*
hurt (oneself), to	*lastimar(se)*
illness	*enfermedad*
indigestion	*indigestión*
inhaler	*inhalador*
injured	*lastimado/-a*
insect bite	*mordedura de insecto*
itch	*comezón, picazón*
medical examination	*consulta médica*
medicine	*medicina*
migraine	*jaqueca, migraña*
nurse	*enfermero/-a*
out-patient clinic	*consulta externa*
pain	*dolor*
pain-killer	*calmante, analgésico*
(food) poisoning	*intoxicación (alimenticia)*

prescription	*receta (médica)*
rash	*urticaria*
sick	*enfermo/-a*
sprain	*torcedura*
sting	*picadura*
surgeon	*cirujano*
surgery	*cirugía*
swelling	*inflamación*
swollen	*hinchado/-a*
syringe	*jeringa*
wound	*herida*

STORES	***TIENDAS Y COMERCIOS***
bakery	*panadería*
barber shop	*barbería*
bookstore	*librería*
butcher shop	*carnicería*
cafeteria	*cafetería*
drugstore	*farmacia*
dry cleaner	*tintorería*
flower shop	*florería*
hair dresser	*peluquería*
hardware store	*ferretería*
jewelry store	*joyería*
laundromat	*lavandería*
office supply store	*papelería*

shoe store	*zapatería*
supermarket	*supermercado*
tailor shop	*sastrería*

SPORTS — ***DEPORTES***

baseball	*béisbol*
basketball	*baloncesto*
bowling	*boliche/bolos*
bullfight	*corrida (de toros)*
court	*cancha*
cycling	*ciclismo*
fishing rod	*caña (de pescar)*
football	*fútbol americano*
horse riding	*equitación*
referee	*arbitro*
ski, to	*esquiar*
soccer	*tenis*
swimming	*natación*
tennis	*fútbol*
waterskiing	*esquí acuático*
wrestling	*lucha libre*

ANIMALS — ***ANIMALES***

ant	*hormiga*
bear	*oso/-a*
bee	*abeja*

bird	*pájaro*
bull/cow	*toro/vaca*
cat	*gato/-a*
cockroach	*cucaracha*
crow	*cuervo*
dog	*perro/-a*
donkey	*burro/-a*
duck	*pato/-a*
fly	*mosca*
frog	*rana*
goat	*cabra*
horse/mare	*caballo/yegua*
lizard	*lagarto*
monkey	*mono/-a*
mosquito	*mosquito*
mouse	*ratón*
pig	*cerdo/-a*
pigeon	*palomo/-a*
rabbit	*conejo/-a*
rooster/hen	*gallo/gallina*
shark	*tiburón*
sheep	*oveja*
snake	*víbora*
spider	*araña*
turkey	*pavo/-a*
water snake	*culebra*
wolf	*lobo/-a*

Prontuario de gramática inglesa

Esta sección presenta algunos aspectos básicos de la gramática inglesa. Puede servir de punto de partida para el principiante y como referencia para los hablantes más avanzados.

La presentación de la gramática en abstracto puede ser muy útil pero la mejor manera de integrar las reglas del idioma será siempre a través del uso cotidiano en situaciones concretas. Esto es especialmente cierto en el caso del inglés que, a pesar de ser muy práctico en muchos aspectos, está lleno de excepciones y casos particulares. Se recomienda escuchar tanto inglés como sea posible (la televisión, el cine y la música son buenos recursos) y, aprovechando las palabras de este libro, comunicarse en inglés tan seguido como se pueda. De ese modo pronto no necesitará pensar en la gramática al hablar.

Consejos de vocabulario/Cognados

Los cognados son palabras que se derivan de una lengua ancestral común. Hay muchas palabras provenientes del latín o del griego que pasaron al inglés por vía del francés a partir de la conquista normanda en el siglo once. Estas palabras son muy parecidas a sus equivalentes en español y se pueden reconocer fácilmente. Las adaptaciones son leves y predecibles de tal modo que puede ampliar rápidamente su vocabulario en inglés tomando en cuenta lo siguiente:

1. Algunas palabras son iguales en los dos idiomas excepto por la pronunciación: color, crisis [craise/is], drama, error, general, horror, probable [próbabl], tropical, . . .
2. Algunas palabras pierden la vocal final en inglés: client, evident, ignorant, important, part, artist, pianist, problem, program, contact, perfect, liquid, . . .
3. Muchas palabras que terminan en -tad or -dad en español terminan en -ty en inglés, con el acento en la antepenúltima

sílaba: <u>fa</u>culty, <u>li</u>berty, curi<u>o</u>sity, so<u>ci</u>ety, e<u>ter</u>nity, ca<u>pa</u>city, re<u>a</u>lity, <u>cla</u>rity, . . .

4. Muchas palabras que terminan en **-ía, -ia,** o **-io** en español terminan en **-y** en inglés: <u>com</u>pany, ge<u>o</u>graphy, <u>his</u>tory, <u>phar</u>macy, dictionary, ordinary, . . .

5. Las palabras que terminan en **-ción** en español generalmente terminan en **-tion** en inglés, con el acento en la penúltima sílaba: <u>na</u>tion, adminis<u>tra</u>tion, <u>ac</u>tion, <u>fric</u>tion, <u>sec</u>tion, e<u>mo</u>-**tion**, combi<u>na</u>tion, contri<u>bu</u>tion, . . .

6. Las palabras que terminan en **-oso** en español generalmente terminan en **-ous** en inglés: <u>gen</u>er**ous**, <u>fa</u>m**ous**, <u>pre</u>ci**ous**, deli-<u>ci</u>**ous**, <u>te</u>di**ous**, con<u>ta</u>gi**ous**, <u>cu</u>ri**ous**, <u>scan</u>dal**ous**, re<u>li</u>gi**ous**, . . .

En algunos casos, dos cognados no tienen el mismo significado en español que en inglés. Por ejemplo, *familiar* en inglés tiene el sentido de "conocido" pero no de "pariente"; *policy* no quiere decir "policía" sino "política"; *police* es la palabra que se usa para referirse a la policía como organismo judicial. Otras palabras de uso común que son falsos cognados aparecen en la siguiente tabla.

Palabra en inglés	Significado correcto	Significado equivocado	Palabra en inglés
action	acción	acción del mercado bursátil	*stock*
actual	real, verdadero	presente	*current*
assist	ayudar	asistir	*to attend*
college	universidad	colegio, escuela	*school*
disgrace	deshonra, vergüenza	desgracia	*misfortune*
embarrassed	apenado	embarazada, encinta	*pregnant*
exit	salida	éxito	*success*
firm	firme	firma	*signature*
idiom	modismo	idioma	*language*
large	grande	largo	*long*
lecture	conferencia	lectura	*reading*
library	biblioteca	librería	*bookstore*

parent	padre/madre de familia	pariente	*relative*
sensible	sensato, razonable	sensible	*sensitive*
sympathetic	compasivo	simpático	*pleasant, charming, nice*
success	éxito	suceso, evento	*event*

Género y número

A diferencia de lo que ocurre en español, la mayoría de las palabras en inglés son neutras y no tienen indicación alguna de género. Por lo mismo, no son necesarios tantos artículos. En lugar de "el" y "la" el inglés emplea solamente *the*.

la silla: *the chair*   **el** escritorio: *the desk*

Asimismo, en lugar de "un" y "una" el inglés sólo tiene *a* y la variante *an* para las palabras que empiezan con vocal.

una cuchara: *a spoon*   **un** cuchillo: *a knife*   **un** horno: *an oven*

El plural sí se expresa, sin embargo también en ese caso se emplea *the* como artículo definido. El artículo indefinido plural es *some*.

la sillas: *the chairs*   **unos** cuchillos: *some knives*

La mayoría de las palabras en inglés forman el plural agregando una **s** al final de la palabra, pero como en el caso de *knife* (cuchillo), cuyo plural es *knives* (cuchillos), hay varios casos irregulares. La lista a continuación muestra los más comunes.

—las palabras que terminan en **-s**, **-ch**, **-sh**, **-x**, o **-z** agregan **-es**: *church* (iglesia) > *churches* (iglesias)
—las palabras que terminan en **-y** forman su plural en **-ies**: *baby* (bebé) > *babies* (bebés)
—las siguientes palabras tienen plurales propios:

foot (pie) > *feet*
tooth (diente) > *teeth*
goose (ganso) > *geese*
louse (piojo) > *lice*
mouse (ratón) > *mice*
man (hombre) > *men*
woman (mujer) > *women*
child (niño) > *children*
ox (buey) > *oxen*

Adjetivos

En inglés, los adjetivos no muestran concordancia con los sustantivos que describen y normalmente se colocan antes de los mismos.

*The **red** flower is very pretty.* (La flor roja es muy bonita.)
***Red** flowers are my favorite.* (Las flores rojas son mis preferidas.)*

Los adjetivos posesivos en inglés son *my* (mi), *your* (tu), *his* (su, de él) *her* (su, de ella), *its* (su, de algo), *our* (nuestro), *their* (su, de ellos). No concuerdan con el objeto sino con el sujeto de la posesión.

*This is **his** pen, those are **her** books, and these are **your** notebooks.*
(Ésta es su pluma (de él), esos son sus libros (de ella), y estas son tus libretas.)

Otra manera de indicar posesión en el caso de la tercera persona es agregando un **apóstrofe + s** al final del sustantivo poseedor.

*That is **John's** room and this is **Mary's**.* (Ese es el cuarto de John y éste es el de Mary.)

Cuando se trata de objetos, sin embargo, es común emplear una construcción semejante a la que se usa en español.

Mary is standing by the edge of the pool. (Mary está parada al borde de la piscina.)

---

*Nótese que en inglés el artículo definido sólo se utiliza para referirse a objetos ⸱⸱ecíficos y no a categorías en general: *the flowers on the table smell good* (las flores en ⸱⸱sa huelen bien), pero *flowers smell good* (las flores huelen bien).

Pronombres

Los pronombres en inglés y en español funcionan de manera muy parecida. Remplazan al sujeto o los objetos de un enunciado para lograr mayor fluidez en la expresión. Son una parte esencial del habla cotidiana y es importante conocerlos.

Sujeto		Objeto directo		Objeto indirecto		Reflexivo	
I	yo	*me*	me	*to me*	me	*myself*	me
you	tú/usted	*you*	te	*to you*	te	*yourself*	te
he	él	*him*	lo	*to him*		*himself*	
she	ella	*her*	la	*to her*	le	*herself*	se
it	Ø	*it*	lo/la	*to it*		*itself*	
we	nosotros/-as	*us*	nos	*to us*	nos	*ourselves*	nos
you	vosotros/-as ustedes	*you*	os, los, las	*to you*	os les	*yourselves*	os se
they	ellos/-as	*them*	los/las	*to them*	les	*themselves*	se

El pronombre de primera persona del singular *I* (yo) siempre se escribe con mayúscula.

El inglés no distingue entre segunda persona formal e informal por lo que no hay equivalente de "usted." El pronombre de segunda persona es el mismo para el singular y el plural. El contexto suple la distinción entre ambos. En algunas regiones se usa *you all* (o su contracción *y'all*) para dirigirse a un grupo con el sentido de "ustedes." La expresión *you guys* puede cumplir la misma función.

El pronombre de sujeto *it* no tiene equivalente en español. Se emplea cuando el sujeto no es una persona, así como para sujetos impersonales o desconocidos.

The plane *landed on time.*   >   *It* *landed on time.* (Aterrizó a
(El avión aterrizó a tiempo.)   tiempo.)
It is raining. (Está lloviendo.)   *Who was it?* (¿Quién era?)

Mientras que en español los elementos de una oración pueden cambiar de lugar sin modificar necesariamente el sentido de la misma en inglés el orden de la frase es invariable: sujeto + verbo + objeto(s). Esto se aplica tanto al uso de sustantivos como de pronombres.

John kissed Mary. (John besó a Mary.) > *He kissed her.* (Él la besó.)
Mary kissed John. (Mary besó a John.) > *She kissed him.* (Ella lo besó.)*

El pronombre de objeto *it* se emplea cuando el objeto no es una persona.

*We kick **the ball**.* (Nosotros pateamos la pelota.) > *We kick **it**.* (Nosotros la pateamos.)

El pronombre de objeto directo siempre precede al objeto indirecto—al contrario de lo que sucede en español.

You give the flower to Jane. (Tú le das la flor a Jane.) > *You give **it** to **her**.* (Tú se <u>la</u> das.)

Como en español, los pronombres reflexivos se usan para "reflejar" la acción del verbo de regreso hacía el sujeto. El pronombre reflexivo siempre se coloca después del verbo.

*I see **myself** in the mirror.*   *Mary dresses **herself**.*
(Me veo en el espejo.)   (Mary se viste.)

Para expresar acciones reciprocas se usa *each other*—que equivale más o menos a "uno al otro."

*Mary and I hug **each other**.* (Mary y yo nos abrazamos el uno al otro.)

Verbos

El sistema verbal del inglés es relativamente sencillo. Posee un número limitado de formas y la mayoría de los verbos son regulares. Aunque la gramática del inglés contempla el modo subjuntivo en la práctica cotidiana se usa muy poco. La tabla que sigue muestra las conjugaciones típicas de los verbos regulares usando el verbo *to talk* (hablar) como ejemplo.

---

*Con la excepción del imperativo, en inglés el pronombre de sujeto siempre se ʔresa.

TO TALK (hablar)	Gerundio: talking (hablando)				Participio pasado: talked (hablado)		
	Tiempos simples				Tiempos compuestos		
Sujeto	Presente	Pasado	Futuro	Condicional	Pretérito perfecto	Pluscuam perfecto	Futuro perfecto
I you	talk	talked	will talk	would talk	have talked	had talked	will have talked
he she it	talks	talked	will talk	would talk	has talked	had talked	will have talked
we you they	talk	talked	will talk	would talk	have talked	had talked	will have talked

El infinitivo de los verbos en inglés se forma anteponiendo *to* a la forma básica del verbo.

El gerundio se forma agregando **-ing** al final de la forma básica del verbo. En inglés esta forma tiene un uso más amplio que en español. El gerundio se usa con el verbo *to be* (ser/estar) para formar los tiempos progresivos (lo mismo que en español). También puede funcionar como un sustantivo (en español se emplea el infinitivo) y hasta como un adjetivo (en español se suele emplear el participio pasado). Además es la única forma verbal que se puede usar después de una preposición. Finalmente, algunos verbos como *avoid* (evitar), *consider* (considerar), *detest* (detestar), *enjoy* (disfrutar), *feel like* (tener ganas) y *suggest* (sugerir) generalmente van seguidos de un gerundio. Por ejemplo,

*I am **trying** to learn English.* (Estoy tratando de aprender inglés.)
***Studying** is **boring**.* (Estudiar es aburrido.)
*You need to rest after **working** so much.* (Necesitas descansar después de trabajar tanto.)
*I feel like **going** somewhere.* (Tengo ganas de ir a algún lado.)

Para formar el participio pasado de los verbos regulares se agrega la terminación **-ed**. Como en español el participio pasado se emplea en la formación de los tiempos compuestos junto con el verbo *have* (haber/tener).

*This **has happened** here before.* (Esto ha pasado aquí antes.)*
*They **had met** each other last fall.* (Ellos se habían conocido el otoño pasado.)

En el presente de cualquier verbo, ya sea regular o irregular, se agrega una **-s** final a la forma que corresponde las terceras personas del singular. Se agrega **-es** a los verbos que terminan **-o**, **-s**, **-x**, **-ch**, y **-sh**. Los verbos que terminan en **consonante + -y** cambian a **-ies**. Por ejemplo,

to do (*hacer*)			does
to pass (*pasar*)			passes
to fix (*arreglar*)	he		fixes
to catch (*atrapar*)	she		catches
to push (*empujar*)	it		pushes
to cry (*llorar*)			cries

---

*Nótese la forma del verbo auxiliar específica de la tercera persona del singular en tiempo presente.

El participio pasado y el tiempo pasado de los verbos regulares son iguales. A diferencia del español, el inglés no distingue entre pretérito perfecto simple y pretérito imperfecto. Por ejemplo, la traducción más directa tanto de "ella cantó" como de "ella cantaba" es *she sang*. Para expresar una acción habitual en el pasado se puede usar la frase verbal *used to* + verbo (que en español equivale más o menos a "solía + infinitivo"). Para expresar una acción duradera o simultánea a otra en el pasado se puede usar el pasado progresivo: *was/were* + gerundio (cuyo equivalente español es "estaba + gerundio").

*He **used to play** a lot when he was a child.* (Él jugaba [o solía jugar] mucho cuando era niño.)
*It **was raining** when the plane landed.* (Llovía [o estaba lloviendo] cuando aterrizó el avión.)

Para expresar el futuro, el inglés usa un verbo modal sin equivalente en español, *will*, seguido de la forma básica del verbo.* De la misma manera, *would*, sirve para expresar el condicional.† Además de estos dos, hay otros ocho verbos modales en inglés que sirven para expresar la capacidad o la necesidad de hacer algo, o la duda al respecto. En español se usan los verbos poder, hacer y deber para esos fines.

***Can** you sing? I **could** sing with you.* (¿Puedes cantar? Podría cantar contigo.)‡
*She **may** go, but he **might** not go with her.* (Ella puede ir, pero puede que él no vaya con ella.)
*We **should** say something and we **shall**.* (Deberíamos decir algo y lo haremos.)
*They **must** listen to us.* (Ellos deben escucharnos.)
*It **ought to** be easy.* (Debería ser fácil.)

---

*También existe una forma alternativa para expresar el futuro usando el presente progresivo del verbo *to go* (ir) + *to* (a) + verbo: *He **is going to call** you tonight.* (Él va a llamarte esta noche.)

†Cuando se refiere al pasado *would* también puede expresar una acción recurrente: *As a child I **would** often spend Christmas in Vermont.* (De niño pasaba frecuentemente la navidad en Vermont.)

‡Dependiendo del contexto *could* también puede expresar una situación que era diferente en el pasado: *You **could** sing when I met you.* (Podías cantar cuando te conocí.)

To be *y otros verbos irregulares*

El verbo más común y más útil en inglés es el que muestra mayor número de irregularidades, como se puede ver en la siguiente tabla.

TO BE (ser/estar)	Gerundio: being (siendo/estando) — Tiempos simples				Participio pasado: been (sido/estado) — Tiempos compuestos		
Sujeto	Presente	Pasado	Futuro	Condicional	Pretérito perfecto	Pluscuamperfecto	Futuro perfecto
I	am	was	will be	would be	have been	had been	will have been
you	are	were			have been		
he she it	is	was			has been		
we you they	are	were			have been		

El verbo *to be* cumple las funciones tanto del verbo "ser" como del verbo "estar" en español. Se usa para describir a personas, objetos y estados así como para especificar tiempo y lugar, para formar los tiempos progresivos junto con el gerundio y para expresar la voz pasiva junto con el participio pasado.

*John **is** a good guy but today he **is** angry.* (John es un buen tipo pero hoy está enojado.)
*It's already two o'clock; where **are** you?* (Ya son las dos, ¿dónde estás?)*
*We **were** thinking about calling you.* (Estábamos pensando en llamarte.)
*That novel **was** written by a friend of mine.* (Esa novela fue escrita por un amigo mío.)

Con la excepción de *to be*, los verbos irregulares se conjugan básicamente igual que los regulares salvo en las formas del pasado y del participio pasado que en su caso pueden ser diferentes. Unos cuantos verbos poseen tanto formas irregulares como regulares del pasado: *to burn* (quemar) > *burnt/burned*, *to dream* (soñar) > *dreamt/dreamed*, *to learn* (aprender) > *learnt/learned*. En el inglés norteamericano se utiliza más frecuentemente la forma regular. Un caso excepcional es el de *to hang* (colgar) en el que *hung* se usa para objetos y *hanged* en el caso personas (i.e., un ahorcado). La lista a continuación contiene cincuenta verbos irregulares de uso común.

Infinitivo	Pasado	Participio pasado
to become (*hacerse*)	became	become
to begin (*empezar*)	began	begun
to break (*romper*)	broke	broken
to bring (*traer*)	brought	brought
to build (*construir*)	built	built
to buy (*comprar*)	bought	bought
to catch (*atrapar*)	caught	caught
to choose (*elegir*)	chose	chosen

---

*El inglés permite hacer contracciones en varios casos. El verbo *to be* admite contracciones para todos los casos del presente: *I am* > *I'm, you are* > *you're, he is* > *he'* etc.

to come (*venir*)	came	come
to do (*hacer*)	did	done
to drink (*beber*)	drank	drunk
to drive (*conducir*)	drove	driven
to eat (*comer*)	ate	eaten
to fall (*caer*)	fell	fallen
to feel (*sentirse*)	felt	felt
to fight (*pelearse*)	fought	fought
to find (*encontrar*)	found	found
to fly (*volar*)	flew	flown
to forget (*olvidar*)	forgot	forgotten
to forgive (*perdonar*)	forgave	forgiven
to get (*conseguir*)	got	got
to give (*dar*)	gave	given
to go (*ir*)	went	gone
to have (*haber/tener*)	had	had
to keep (*conservar*)	kept	kept
to know (*saber/conocer*)	knew	known
to leave (*dejar*)	left	left
to let (*permitir*)	let	let
to lose (*perder*)	lost	lost
to make (*hacer*)	made	made
to meet (*encontrarse*)	met	met
to pay (*pagar*)	paid	paid
to put (*poner*)	put	put
to run (*correr*)	ran	run
to say (*decir*)	said	said
to see (*ver*)	saw	seen
to sell (*vender*)	sold	sold
to sing (*cantar*)	sang	sung
to sleep (*dormir*)	slept	slept
to speak (*hablar*)	spoke	spoken
stand (*estar de pie*)	stood	stood

to steal (*robar*)	stole	stolen
to take (*tomar/llevar*)	took	taken
to teach (*enseñar*)	taught	taught
to tell (*contar/decir*)	told	told
to think (*pensar*)	thought	thought
to throw (*lanzar*)	threw	thrown
to understand (*entender*)	understood	understood
to win (*ganar*)	won	won
to write (*escribir*)	wrote	written

Negación

Hay varias maneras de expresar negación en inglés. La forma más común—aparte de decir simplemente *no*—es emplear el verbo *to do* conjugado como auxiliar (en cual caso no se traduce al español) y la partícula *not* junto con la forma básica del verbo. Esta estructura admite contracciones: *do not > don't, does not > doesn't, did not > didn't.* No se hace la contracción cuando se quiere enfatizar la negatividad del enunciado.

*I **don't** eat soup.* (No como sopa.)
*He **does not** live here anymore.* (Él ya no vive aquí.)
*We **didn't** do it; they did.* (Nosotros no lo hicimos; ellos lo hicieron.)

Esta estructura se usa para todos los verbos salvo *to be, to have* y los verbos modales que simplemente van seguidos de *not*. Con la excepción de la primera persona singular del presente de *to be* (*I am*), estas formas también pueden aparecer contraídas.

I am not > Ø*	could not > couldn't
are not > aren't	may not > mayn't[†]
is not > isn't	might not > mightn't[†]
was not > wasn't	must not > mustn't
were not > weren't	ought not > oughtn't

---

*La forma coloquial *ain't* se considera generalmente impropia.
[†]Las formas *mayn't* y *mightn't* no se usan comúnmente.

has not > hasn't	shall not > shan't
have not > haven't	should not > shouldn't
had not > hadn't	will not > won't
cannot > can't	would not > wouldn't

Como en español, también se pueden usar palabras negativas que se colocan antes del verbo.

I never stop working. (Nunca paro de trabajar.)
Nothing satisfies him. (Nada lo satisface.)
Nobody lives here. (Nadie vive aquí.)

A diferencia del español, en inglés no se multiplican los términos negativos.

*I have **never** done **something** bad to **anyone**.*
    (Nunca le he hecho nada malo a nadie.)
    [lit. Nunca le he hecho algo malo a alguien.]

Mandatos

Los mandatos directos en inglés no usan una forma especial, sino simplemente la forma básica del verbo. Se reconocen por la ausencia de pronombre personal así como por el contexto y, en el habla, por el tono. Los mandatos negativos se forman agregando *do not/don't*.

Be careful! (¡Ten cuidado!)	*Eat as much as you want.* (Come tanto como quieras.)
Do not run. (No corras.)	*Please don't jump!* (¡Por favor no salten!)*

Preguntas

Para hacer preguntas que sólo admiten una respuesta afirmativa o negativa el inglés emplea los verbos *be* o *have* colocándolos al principio de la pregunta, seguidos del sujeto. El verbo *do* se utiliza de la

---

*Puesto que hay un solo pronombre de sujeto para la segunda persona solamente el contexto permite saber si el mandato es singular o plural.

misma manera salvo que como verbo auxiliar—sin traducción en español. Nótese también que el inglés sólo emplea un punto de interrogación al final.

Are you sure? Yes, I am. (¿Estás seguro? Sí, lo estoy.)
Has John called? No, he hasn't yet. (¿Ha llamado John? No, no ha llamado todavía.)
Did the plane leave on time? Yes, it did. (¿Salió a tiempo el avión? Sí, salió a tiempo.)

Las preguntas abiertas se forman como en español, empleando adverbios interrogativos y modificando la sintaxis. Muchas veces es necesario emplear verbos auxiliares y modales en conjunción con los anteriores.

What *did she want?* (¿Qué quería ella?)
When *will you call me?* (¿Cuándo me llamarás?)
Where *have you been?* (¿Dónde has estado?)
Which *ones are mine?* (¿Cuáles son (los) míos?)*
Who *was he with last night?* (¿Con quién estaba él anoche?)
Whose *house is this?* (¿De quién es esta casa?)
Why *can't you come with us?* (¿Por qué no puedes venir con nosotros?)
How *could you do that?* (¿Cómo pudieron hacer eso?)[+]

Preposiciones

Al aprender un segundo idioma las preposiciones suelen ser problemáticas porque no siempre corresponden a las de la primera lengua. Por ejemplo, en español una persona se enamora **de** otra, pero en inglés se dice *fall in love with* que literalmente significa "caer en amor **con**." En algunos casos el inglés requiere una preposición que no se necesita para expresar la misma idea en español: *I'm looking for*

---

*Puesto que los pronombres posesivos no muestran concordancia de género, esta frase se podría traducir también como "¿cuáles son (las) mías?" La traducción correcta sólo se puede decidir en contexto. A diferencia de "cuál," el adverbio *which* es invariable.

[+]Puesto que hay un solo pronombre de sujeto para la segunda persona, ya sea plural o singular, esta frase se podría traducir también como "¿cómo pudiste hacer eso?" La traducción correcta sólo se puede decidir en contexto.

something special (estoy buscando algo especial). La tabla a continuación contiene las principales preposiciones simples, algunas de sus
funciones y ejemplos de su uso.

Preposición en inglés	Equivalentes en español	Tiempo	Espacio	Otros usos
in	en, dentro de	en un periodo de tiempo, mes o año	en un lugar, dentro de un espacio delimitado	modo
		In 2004, I was in a house in L.A. trying in vain to find work. (En 2004 estaba en una casa en L.A. tratando en vano de hallar trabajo.)		
on	en, sobre, a	el/los día(s) de la semana	sobre una superficie, en un nivel, a un lado, en la tele-visión o la radio	montar a caballo, en bicicleta, etc.
		On Monday, on the TV that's on the table I saw people riding on horses. (El lunes, en la TV que está en la mesa vi personas montando a caballo.)		
at	en, a	a una hora o momento especifico	en un lugar o evento, a la mesa	edad a la que . . .
		I'll see you at three at the school where I learned to read at three. (Te veré a las tres en la escuela donde aprendí a leer a los tres años.)		

			a un lugar	finalidad
to	a, para, de	hora de . . . , tiempo faltante para . . .		
		*It's time **to** get ready; at ten **to** two we must go **to** the pool **to** swim.* (Es hora de alistarse; al diez para las dos debemos ir a la piscina a nadar.)		
of	de		función de un lugar	pertenencia, material
		*A church is a place **of** prayer, House **of** God, made **of** light and stone.* (La iglesia es un lugar de oración, Casa de Dios, hecha de luz y piedra.)		
from	de, desde (origen)	desde tal hora	de dónde pro-viene . . . , desde un lugar	de parte de . . .
		*A wine **from** Chile came **from** South America as a gift **from** Mary.* (Un vino de Chile vino desde Sudamérica como regalo de parte de Mary.)		
with	con			atributo, instru-mento, acompa-ñamiento
		*I fix cars **with** problems **with** my tools and **with** an assistant.* (Arreglo autos con problemas, con mis herramientas y con un asistente.)		

		por cierto periodo de tiempo	destino	destinatario, motivo, intercambio
for	por, para			
		For two days, I looked for a gift for you for your birthday. (Por dos días, busqué un regalo para ti por tu cumpleaños.)		
by	por, para, de, en	antes de o para tal fecha u hora	por, alrededor o cerca de un lugar	autor, alza o baja en proporción
		I will go by the office to drop off the book by Joyce by two p.m. (Pasaré por la oficina para dejar el libro de Joyce antes de las dos de la tarde.)		
through	por, a través		por o a través de un espacio	medio
		I saw you walking through the park when I looked through the window. (Te vi caminando a través del parque cuando miré por la ventana.)		